I segreti delle città italiane

La guida ai tesori della Penisola di *Passepartout*

SOLFERINO

SOLFERINO

www.solferinolibri.it

Published by arrangement with
The Italian Literary Agency

ISBN 978-88-282-1491-5
Prima edizione: settembre 2024

Progettazione, art direction e realizzazione editoriale:
Studio Dispari – Milano

I segreti delle città italiane

Introduzione

L'inizio del viaggio

Il mondo, per chi lo sa guardare, rivela dimensioni del bello spesso impercettibili a occhio nudo. Il bello che, quando si accende, porta salvezza. Il bello a cui Philippe Daverio ha dedicato la vita. La sua visione appassionata, il suo rigore pieno di ironia, la sua curiosità eclettica e divergente compongono un mazzo di chiavi che apre ogni porta. Un filtro intelligente e leggero capace di unire i puntini in un quadro sempre sorprendente, originale, nuovo.

Il suo «passepartout», che tanto ci manca, non può e non deve andare disperso. Eccolo dunque approdare nelle librerie degli italiani con un volume agile e veloce come il suo sguardo, così sapiente nel posarsi su ciò che è rilevante anche quando è solo un dettaglio, un segreto nascosto, un lampo che attraversa la scena.

Il suo modo di narrare l'arte – e con l'arte la storia, la geografia, la filosofia, la musica, la letteratura – rende il passato presente, e significativo, per molti. Ci trascina in un'avventura che supera i confini dello spazio e del tempo e, alla fine, ci riporta sempre a casa.

In compagnia della sua voce inconfondibile, visiteremo luoghi e conosceremo artisti, incroceremo biografie e scopriremo movimenti, ci soffermeremo su singole opere e comporremo grandi affreschi. Seguendo le sue divagazioni, esploreremo il mondo senza paura di perderci, certi di arrivare sempre al cuore della questione. A quegli snodi, piccoli o grandi che siano, intorno ai quali prende forma la civiltà. E la bellezza respira.

› Veduta del Duomo di Milano.

CAPITOLO 1

Milano

I mille tesori di Brera

N

L'orto della civiltà

Brera nasce nella *braida*, nella radura, in quell'orto adiacente alla città dove gli Umiliati, tra il XII e il XIII secolo, costruiscono un primo convento, produttore di lana e stoffe teatrali. Sotto i Gesuiti, alla fine del Cinquecento, diventa un luogo di educazione e di cultura, ma è Maria Teresa d'Austria, due secoli dopo, a trasformarlo in una vera e propria istituzione, creando il Regio Ginnasio e la meravigliosa Biblioteca Nazionale Braidense, aperta a chiunque desideri coltivare se stesso. Non contenta, l'imperatrice aggiunge, al già esistente Osservatorio Astronomico, l'Orto Botanico, l'Accademia di Belle Arti e, soprattutto, la Pinacoteca, che inizia a collezionare capolavori a scopo didattico.
Napoleone decide di trasformarla in un modello espositivo nel quale dialogano l'arte italiana e quella europea. Per realizzare il suo progetto, depreda chiese e altari della Penisola importando, tra le mura del museo, opere dei maggiori pittori italiani, mentre dal Louvre giungono quadri dei grandi fiamminghi.
L'Ottocento romantico e risorgimentale scollina nel Secolo breve, acceso da avanguardie artistiche e guerre mondiali. Se il fascismo riesce ad allontanare il grande direttore Ettore Modigliani, a prendere il timone è una sua allieva, una giovane donna forte e lungimirante. Fernanda Wittgens dimostra al mondo che, se si mettono in gioco intelligenza, tenacia e visione, la civiltà – espressa nelle meraviglie dell'arte – può avere la meglio sulle barbarie.

Storia di un'intera città

Il meraviglioso complesso di Brera che oggi accoglie turisti, studenti, appassionati d'arte e di scienza, curiosi e milanesi che vogliono allontanarsi dal caos metropolitano nasce nella *braida*, nella radura.
È qui infatti che tra il XII e il XIII secolo la confraternita religiosa degli Umiliati edifica il suo primo convento. Essi si occupano prevalentemente di pro-

› *Napoleone come Marte pacificatore*, scultura in bronzo di Antonio Canova, 1811, cortile della Pinacoteca di Brera, Milano.

duzione della lana e successivamente delle stoffe per i teatri. Il conseguente afflusso di capitali e la loro attiva partecipazione alla vita economica della città suscitano numerose critiche da parte del clero, e il cardinale Carlo Borromeo, futuro san Carlo, attento a rafforzare la moralità dei religiosi e a ristabilire una disciplina nella diocesi milanese dopo il Concilio di Trento, inizia a proibire gli spettacoli. Quattro Umiliati, prevosti di altrettante chiese milanesi, si alleano e tramano un attentato ai suoi danni. Il 26 ottobre 1569 gli sparano un colpo di archibugio che però non lo uccide, gli trapassa solo le vesti. Il religioso ne fa quindi decapitare tre e impiccare il quarto proprio dietro all'Arcivescovado.
Due anni dopo, nel 1571, san Pio V scioglie l'ordine, e Brera passa ai Gesuiti, che la trasformano in un luogo di cultura e educazione, soprattutto per i giovani appartenenti all'élite.
Il Palazzo di Brera viene ridisegnato e trasformato nel Seicento dall'architetto Francesco Maria Richini. I Gesuiti, tra i quali spicca la figura di Ruggero Giuseppe Boscovich – che si occuperà dei calcoli necessari per collocare la statua della Madonnina in equilibrio in cima al Duomo, senza che sia né pericolante né pericolosa, e fonderà l'Osservatorio Astronomico –, vengono sciolti nel 1773, per timore della loro eccessiva influenza politica ed economica, e l'edificio di Brera passa sotto il controllo dell'amministrazione austriaca.

È a Maria Teresa d'Austria che si deve la trasformazione radicale di tutto il complesso braidense: è lei che accetta la soppressione dell'Ordine voluta dal papa e ne approfitta per far diventare il collegio dei Gesuiti una vera e propria istituzione culturale. Nel 1774 fonda il Regio Ginnasio di Brera, che assume le funzioni didattiche prima svolte dalle antiche Scuole Palatine. Il discorso per l'inaugurazione è di Giuseppe Parini, che tiene qui una cattedra di eloquenza e belle arti.
A lei si deve anche la nuova grande Biblioteca Nazionale Braidense, che recupera collezioni di proprietà gesuitica e nobile e rilancia un percorso assolutamente innovativo nella storia dell'Illuminismo europeo, perché viene concepita come luogo aperto a chiunque desideri coltivare la propria cultura e conoscenza. Complicatissimo, il complesso della Biblioteca Braidense comprende una prima parte dove i Gesuiti tenevano la scuola per i milanesi di buona famiglia, con testi ormai rarissimi e alcune tracce di decoro barocco sei-settecentesco, una nuova parte prevista dal progetto di riordino che Giu-

Il milanese *Palazz Noeuv*

Il palazzo delle Scuole Palatine sorge a metà del Quattrocento per volere del duca di Milano Giovanni Maria Visconti nel recinto del Broletto di piazza dei Mercanti, luogo dove si svolgono anche assemblee e processi. Il nome aulico di «Scuole Palatine», dato nel Seicento da uno studioso di eloquenza latina, vuole richiamarsi sia ai collegi presenti nell'antica Milano quando questa era capitale dell'impero romano, sia alla famosissima Accademia di Aquisgrana, cenacolo degli intellettuali carolingi. Le materie insegnate al Broletto vanno dal greco al diritto, dall'astronomia alla teologia, dalla meccanica all'anatomia.

seppe Piermarini fa per conto della sua padrona austriaca a partire dal 1785, e la parte napoleonica, quando l'architetto Pietro Gilardoni continua il lavoro iniziato dal suo predecessore progettando quella che oggi è la Sala Cataloghi, il cui soffitto viene affrescato da Gaetano Vaccani con un *trompe l'œil* a finte cupole cassettonate che amplia visivamente l'ambiente.
La biblioteca contiene i tesori che raccontano la Milano gloriosa: dal *sancta sanctorum* del gabinetto manzoniano rifatto nel XX secolo dall'architetto Tommaso Buzzi dove si trova la pergamena papalina datata 1201 che vede gli Umiliati come primi padroni di Brera, ai tesori delle prime edizioni delle opere di Ugo Foscolo, insieme al suo scrittoio da viaggio in mogano con i pomelli d'avorio comperato forse in Inghilterra, da dove proviene anche un suo ritratto. Del milanese per eccellenza, Alessandro Manzoni, sono qui conservati autografi e le versioni della sua opera più famosa, *Fermo e Lucia*, poi *I promessi sposi*, di cui c'è perfino la prima edizione rivista, quella successiva al «risciacquo in Arno», regalata al figlio, con tutte le annotazioni e le trasformazioni, la rilegatura in perfetto neogotico, sicuramente parigina. La biblioteca ospita anche il «detersivo del risciacquo», cioè una copia consumatissima del Vocabolario della Crusca.
Nel 1774 Maria Teresa d'Austria istituisce l'Orto Botanico, dove prima c'era quello dei Gesuiti, oggi di competenza dell'Università degli Studi di

Milano. In realtà, anche gli Umiliati si dedicavano alla coltivazione di erbe officinali, che poi vendevano presso la farmacia che avevano organizzato nel quartiere. In quest'area si trova pure l'Osservatorio Astronomico di Brera, edificio costituito da una serie di torri che una volta reggevano ognuna un apparecchio ottico di osservazione, attraverso cui guardare il passaggio degli astri e delle stelle. Qui convivono due istituti, uno di ricerca a livello nazionale legato all'Istituto Nazionale di Astrofisica e l'altro all'Università degli Studi di Milano, che si occupa della conservazione museale, del patrimonio storico e della ricerca. All'ingresso è collocato il busto del fondatore, Ruggero Giuseppe Boscovich, e nelle varie sale si trova un'ampia e bella collezione di strumenti scientifici, antichi e moderni, come un vecchio microscopio del XVIII secolo, il circolo moltiplicatore fatto da Georg Friedrich von Reichenbach a Monaco nel 1808, un altro più piccolo, viennese, del

1822, o ancora un circolo meridiano fatto a Monaco di Baviera negli anni Settanta dell'Ottocento con base di granito.

Al piano superiore, l'ultimo, visitabile solo se accompagnati, è custodito il misterioso e affascinante telescopio Merz-Repsold usato da Giovanni Schiaparelli, direttore dell'Osservatorio, alla fine dell'Ottocento. Grazie a questo strumento l'astronomo studia Marte, la sua morfologia e geografia, che poi racconta e disegna minuziosamente nei suoi numerosi quaderni di appunti.

Uno scrigno di tesori

Nel 1776 nasce, con finalità didattiche, anche la Pinacoteca, una prima eterogenea raccolta di capolavori dell'arte provenienti dalle soppressioni austriache di alcune chiese e monasteri della città.

› In queste pagine: dettagli di piazza dei Mercanti, Milano.

Ne sono un esempio due grandi teleri, collocati dirimpetto l'uno all'altro: la *Madonna con il Bambino e i santi Giuseppe e Zaccaria, Elisabetta e Giovannino* (1738-1740) di Pompeo Batoni – che ha uno stile monumentale e accademico di ispirazione classicista – e la *Partenza di santa Paola romana per la Terra Santa* (1745) di Giuseppe Bottani, che condivide con la prima opera la luce e l'ispirazione raffaellita. Le pale provenivano dalla Chiesa dei Santi Cosma e Damiano alla Scala sconsacrata nel 1796 (successivamente trasformata nel Teatro dei Filodrammatici) e sono tra i primi trasferimenti a Brera con lo scopo di supportare l'attività didattica dell'Accademia di Belle Arti, anch'essa voluta da Maria Teresa d'Austria.

È però con l'arrivo di Napoleone in Italia che la Pinacoteca si avvia a essere uno dei più importanti progetti francesi in Europa, nel quale arte italiana ed europea convivono e dialogano tra loro. La conferma del ruolo di primaria importanza avuto dall'imperatore nella costituzione di Brera si trova proprio nel cortile d'onore del palazzo: è la scultura in bronzo raffigurante *Napoleone Bonaparte come Marte pacificatore* realizzata da Antonio Canova nel 1810.

Nel 1803 Giuseppe Bossi, esponente del Neoclassicismo milanese e segretario dell'Accademia di Belle Arti, redige un nuovo Statuto dell'istituzione, con il quale viene dato anche grande impulso alla collezione, che viene arricchita del suo primo nucleo di opere, fra cui il famoso *Cristo morto* (1470-1474

I marziani, invenzione milanese?

Tra i più interessanti studi condotti da Giovanni Schiaparelli, direttore dell'Osservatorio, c'è l'identificazione di strutture sulla superficie del pianeta rosso, che lui chiama «canali», ovvero ampie valli con zone di vegetazione. Questa scoperta gli suggerisce, con un po' di fantasia forse, l'ipotesi della presenza di forme di vita extraterrestri, definite nei suoi scritti come «Marziali». Nascono quindi a Brera i famosissimi marziani.

circa o 1483 circa) di Andrea Mantegna, giunto a Brera proprio grazie al suo impegno personale.

La Pinacoteca diventa così un modello risultante dalla mescolanza fra la didattica teresiana e la *grandeur* del Louvre che Vivant Denon, scrittore, storico dell'arte e precursore della museologia (a lui si devono la maggior parte delle spoliazioni napoleoniche), sta portando avanti a Parigi. Come abbiamo visto, Brera, a differenza di altri grandi musei italiani, come gli Uffizi, non nasce dal collezionismo privato di principi e aristocratici ma da una ben precisa volontà politica e statale: per questo scopo supremo i francesi iniziano a «depredare» la Penisola.

Quadri viaggianti

Che cos'hanno in comune la *Madonna col Bambino e un coro di cherubini* (1485) di Andrea Mantegna, la *Predica di san Marco in una piazza di Alessandria d'Egitto* (1504-1507 circa) di Gentile e Giovanni Bellini, il *Ritrovamento del corpo di san Marco* (1562-1566) di Tintoretto, *San Pietro martire con i santi Nicola di Bari e Benedetto* (1505-1506 circa) di Cima da Conegliano, la *Disputa di santo Stefano nel Sinedrio* di Vittore Carpaccio (1514) e la *Cena in casa di Simone* (1570) di Veronese? Sono stati tutti rubati a Venezia, all'inizio dell'Ottocento, dai francesi, per essere trasportati nella neonata Pinacoteca di Brera. Questi dipinti hanno una particolarità molto curiosa: servono a insegnare la storia della pittura e a dare indicazioni molto precise circa la realizzazione delle architetture, sono necessari alla didattica del buon costruire. Nell'imponente telero dei Bellini, per esempio, gli edifici, protagonisti quanto i personaggi, hanno elementi veneziani e orientali: minareti, un obelisco, un campanile, case semplici e la maestosa costruzione centrale, un po' Basilica di San Marco e un po' moschea di Santa Sofia. Nella *Disputa* realizzata da Carpaccio l'ambientazione esotica si colora con stravaganti costruzioni sullo sfondo che richiamano edifici già esistenti – la piramide con in cima una sfera somiglia a quella romana di Caio Cestio, una statua equestre si rifà a un monumento del Verrocchio –, mentre in primo piano si trova un portico rinascimentale che segue le regole della prospettiva.

La Pala dove l'uovo pende dalla conchiglia

Tra le spoliazioni napoleoniche più famose c'è la *Pala Montefeltro* (1472) di Piero della Francesca, prelevata dall'altare maggiore della Chiesa di San Bernardino a Urbino nel 1811. L'iconografia è quella tipica della *Sacra Conversazione*: al centro si trova la Vergine adorante in trono, che tiene in braccio il Bambino addormentato con al collo un pendente di corallo dal valore apotropaico; attorno si dispongono san Giovanni Battista, san Bernardino, san Girolamo, san Francesco, san Pietro martire e san Giovanni Evangelista. Alle spalle ci sono gli arcangeli e in ginocchio davanti al gruppo sacro il committente della pala, Federico da Montefeltro, in abiti da condottiero e con le mani giunte. La scena è inserita all'interno di un'abside in prospettiva dotata di una volta a botte a cassettoni. Due degli elementi più curiosi di quest'opera sono la conchiglia inserita in una nicchia dalla quale pende un uovo di struzzo, sopra la testa della Vergine. La prima richiama la simbologia che vede la Madonna come nuova Venere generatrice di Gesù, mentre il secondo è immagine della perfezione divina oltre che un simbolo di nascita e vita. Per alcuni critici, invece, l'ovale sarebbe una perla, che in natura scaturisce dalla conchiglia senza intervento maschile, a richiamare il dogma della verginità di Maria. Un'altra peculiarità della *Pala di Brera* è il silenzio diffuso sui volti dei personaggi, che hanno le labbra serrate e i cui sguardi non si incontrano: tutto è volto alla contemplazione.

› *Pala Montefeltro*, tempera e olio su tavola di Piero della Francesca, 1472, Pinacoteca di Brera, Milano.

Le spoliazioni napoleoniche colpiscono anche edifici milanesi, come l'Arcivescovado, dove è custodita una collezione molto importante, quella costituita dal cardinale, poi arcivescovo, Cesare Monti, successore di Federico Borromeo, per dimostrare il suo potere all'interno del mondo ispanico in cui era ambasciatore. I dipinti provenienti dalla sua raccolta sono eccellenti: da Bramantino (*Sacra Famiglia*, 1503-1510) ad Andrea Solario (*Ritratto di giovane*, 1500-1505), a Correggio (*Adorazione dei Magi*, 1515-1518 circa). Scendendo poi l'Adriatico: arrivano a Brera nel 1811 il *Trittico di san Dome-*

nico (1482), la *Crocifissione* (1485 circa) e la *Madonna della Candeletta* (post 1490) di Carlo Crivelli dalla Chiesa di San Domenico a Camerino (Macerata), dalla Chiesa di San Francesco a Monterubbiano (Fermo) un polittico realizzato tra il 1475 e il 1480 da Pietro Alemanno, mentre dal monastero di San Francesco a Cagli, vicino a Pesaro, il *Polittico di Cagli* (1461) di Niccolò di

› *Predica di san Marco ad Alessandria d'Egitto*, olio su tela di Gentile e Giovanni Bellini, 1504-1507 circa, Pinacoteca di Brera, Milano.

Liberatore. Le tavole di quest'ultima opera, separate in singoli pannelli tra il 1813 e il 1822, sono state ricomposte nella loro struttura originaria solo nel 1925, entro una cornice di imitazione.
Dalla collezione della famiglia Sampieri di Bologna provengono invece, fra le altre, *Paolo rimprovera Pietro penitente* (1609 circa) di Guido Reni e la *Pietà* (o *Cristo morto sorretto da Maria e Giovanni*, 1465-1470) di Giovanni Bellini, donato a Brera dal viceré d'Italia Eugène de Beauharnais sempre nel 1811. In questa tavola è evidente sia il modello Mantegna, nella resa plastica delle figure in primo piano che sembrano quasi incombere sull'osservatore, sia un linguaggio figurativo nuovo: Bellini avvolge la scena di luce naturale, ammorbidisce i toni e a una resa prospettica rigorosa predilige la rappresentazione del dolore dei protagonisti, metafora della sofferenza dell'intera umanità. L'intento di dipingere lo strazio tormentato di Maria e san Giovanni Evangelista alla vista del Cristo morto è sottolineato anche da una scritta su una lastra marmorea dove si legge una frase ispirata alle *Elegie* di Properzio: «*Haec fere qvvm gemitvs tvrgentia lvmina promant / Bellini poterat flere Ioannis opvs*», «Questi occhi gonfi quasi emetteranno gemiti / quest'opera di Giovanni Bellini potrà spargere lacrime».

La Confraternita degli Albanesi

Sempre da Venezia, dalla sala principale della Scuola di Santa Maria degli Albanesi, l'Albergo, provengono due opere di Vittore Carpaccio facenti parte di un ciclo di *Storie della Vergine* (1502-1504): la *Presentazione della Vergine al Tempio* e lo *Sposalizio della Vergine*. I dipinti testimoniano la bravura del pittore nella descrizione minuziosa dei copiosi dettagli e delle architetture. Nel primo, ambientato in una piazza veneziana, si distingue una realistica Torre dell'Orologio della Serenissima e si rimane affascinati dalla preziosità delle vesti del sacerdote che aspetta Maria in cima ai gradini del Tempio, ma soprattutto da due inattese presenze: una gazzella al guinzaglio e un leprotto. Lo *Sposalizio* è invece ambientato in un interno decorato in marmo, in cui Carpaccio inserisce un oggetto esotico ma conosciuto a Venezia, dove la comunità ebraica è numerosa: la *menorah*.

Nel 1813 inizia un'altra grande operazione napoleonica: l'imperatore francese considera il Louvre la pinacoteca centrale dell'impero e auspica che le altre gallerie europee, Brera compresa, gli assomiglino. Di conseguenza, preleva dal museo parigino alcune opere fiamminghe e le sposta a Milano, così che la sua collezione si arricchisca anche della pittura straniera. Ecco quindi arrivare *La Madonna col bambino e sant'Antonio da Padova* (1630-1632) e il *Ritratto di dama* (1635) di Antoon van Dyck, oltre all'*Ultima Cena* (1631-1632) di Pieter Paul Rubens. Questi tre quadri sono però ben lontani dall'idea che abbiamo di van Dyck come pittore elegante e lussuoso e di Rubens come pittore erotico e sono perfettamente adatti all'idea che la Francia ha nell'Ottocento di Milano: una città severa e pia.

Sfumature ottocentesche

Le ultime due sale della Pinacoteca ospitano dipinti del XIX secolo, come il *Ritratto di Giovanni Battista Sommariva* (1813) che Pierre-Paul Prud'hon fa al conte fiduciario di Napoleone per le questioni italiane, l'uomo che aveva accompagnato l'imperatore francese a diventare re d'Italia. Particolare attenzione meritano i quattro curiosi piccoli capolavori ovali dipinti da Andrea Appiani – il pittore quasi ufficiale di quegli anni e tra i responsabili dell'evoluzione del museo – ispirati al poema seicentesco *Adone* di Giovanbattista Marino e raffiguranti le *Storie di Marte e Venere* (1790-1795).
Si arriva infine allo straordinario Francesco Hayez, declinato secondo i suoi vari momenti: versione cartonacea – *Pietro Rossi* del 1818-1820 – nel racconto para teatrale delle grandi storie del Paese; versione più attenta, erotica e para erotica nel ritratto dell'*Odalisca* (1839), in *Malinconia*, simbolo dell'inquietudine romantica (1841-1842) e ne *Il bacio* (1859) del militare che se ne va in guerra come se fossimo già nel 1942; versione storica e profonda, con i ritratti di Alessandro Manzoni (1841) e di Teresa Manzoni Stampa Borri (1847-1849).
Brera ospita anche un Ottocento che apre strade nuove e talvolta geniali: quella di Silvestro Lega, il macchiaiolo fiorentino, verso la fotografia del grande cinema, nel *Un dopo pranzo (Il pergolato)* (1868), e quella di Girolamo Induno ver-

› Nelle pagine successive: *Un dopo pranzo (Il pergolato)*, olio su tela di Silvestro Lega, 1868, Pinacoteca di Brera, Milano.

so una prima ipotesi di televisione, in *Triste presentimento* (1862). In quest'opera una giovane contempla un piccolo ritratto del suo amato, un patriota partito per la guerra, come attesta il busto di Garibaldi alle sue spalle e il richiamo al *Bacio* di Hayez. Per il milanese tutto è una soap opera postmanzoniana, un racconto estremamente contemporaneo di malinconia e povertà. Il mondo milanese di Induno e di altri pittori si divide e si contorce fra vari pensieri, come quello dolce e rasserenante delle suorine che camminano fra *I fiori del chiostro* (1877) di Eugenio Gignous, e quello forte e convinto della marcia del proletariato nella *Fiumana* (1895-1896) di Pelizza da Volpedo.

Salvataggi, ricostruzione e ritorno al Settecento

Quando l'Italia viene unita Brera ormai è grande, a tal punto che parte delle sue collezioni si separano nel 1863 e finiscono al Castello Sforzesco, che apre il suo nuovo destino civico nel 1900.
Nel 1926 si costituisce, come accade spesso in mondo anglosassone, l'Associazione Amici di Brera, un sostegno al museo affinché i milanesi e tutto il mondo conoscano la qualità e il valore delle opere custodite presso la Pinacoteca.
Su suggerimento di Ettore Modigliani, direttore della Pinacoteca dal 1908 al 1934, nel 1939, quando ormai egli è stato allontanato per via delle leggi razziali, gli Amici comprano dalla famiglia romana Patrizi la *Cena in Emmaus* (1606) di Caravaggio. Nello stesso anno, però, l'associazione viene sciolta in seguito alle direttive del governo fascista, per ricostituirsi nel Dopoguerra grazie alla critica, storica dell'arte e museologa milanese Fernanda Wittgens.
Durante tutto il XX secolo le collezioni si arricchiscono con le mutazioni di gusto del Novecento, quando torna di moda la pittura settecentesca e i lombardi cominciano a riscoprire i loro eroi storici come Fra' Galgario, pseudonimo del bergamasco Vittore Ghislandi, che dipinge un *Ritratto di gentiluomo*, forse il conte Flaminio Tassi, nel 1720 circa, o il milanese Giacomo Ceruti, detto il Pitocchetto, artista attento nel restituire dignità ai poveri che ritrae, non più persone grottesche da deridere o che suscitano repulsione, bensì indigenti consapevoli

› *Il bacio*, olio su tela di Francesco Hayez, 1859, Pinacoteca di Brera, Milano.

L'allodola che salvò Brera

Fernanda Wittgens nasce a Milano da madre italo-boema e padre di origini austriache, che le tramandano la passione per l'arte e la cultura. Laureata in Lettere con una tesi in Storia dell'arte, viene assunta a venticinque anni a Brera, dove qualche anno dopo diventa assistente di Modigliani, all'epoca direttore e sovrintendente, che la soprannomina «piccola allodola», riconoscendo nella giovane una grandezza discreta, un'anima buona e una capacità di intervento rapida e decisa. Quando Modigliani viene allontanato dal posto di lavoro per via delle leggi razziali, Wittgens diventa ispettrice e nel 1940 viene nominata prima direttrice donna della Pinacoteca. Con lo scoppio del secondo conflitto mondiale si dedica a mettere al riparo dai bombardamenti e dalle razzie nazifasciste le opere del «suo» museo, e allo stesso tempo si adopera per l'espatrio di ebrei e perseguitati politici. La sua attività clandestina viene denunciata da un ebreo tedesco collaborazionista, e nel luglio 1944 Fernanda Wittgens è arrestata e portata prima nel carcere di Como e successivamente a San Vittore di Milano, da dove esce con la Liberazione. Le sale di Brera sono dilaniate, ma la piccola allodola non perde la speranza e, aiutata da Modigliani, reintegrato nel 1946, da squadre di operai e studenti d'arte e dall'architetto Piero Portaluppi si impegna nella ricostruzione. La Pinacoteca riapre i battenti il 9 giugno 1950, dove i quadri salvati dalla tenacia di una soldatessa-angelo custode tornano a vivere.

della propria sventurata condizione. In *Portarolo seduto su una cesta* (1735 circa) e in *Portarolo seduto con cesta a tracolla, uova e pollame* (sempre del 1735), il pittore realizza una descrizione realistica della faticosa e umile esistenza dei portaroli, giovani chiamati così per via delle grandi ceste che trasportano. Accanto ai lombardi troviamo la sobria e garbata eleganza dei quadri veneti, testimoni della cultura nobile del Settecento, come quelli di Pietro Longhi, *Il*

› Scorcio del cortile centrale della Pinacoteca di Brera, Milano.

CAFE

concertino (1750-1755) – una scena pacata, ricca di particolari dalle sfumature delicate, come i lussuosi abiti dei personaggi, e di profondità spaziale – e *Il cavadenti* (1746-1752) – esempio di rappresentazione di reali e comuni attività popolari e borghesi. E ancora, le leggere morbidezze veneziane in *Rebecca ed Elezearo al pozzo* (1735-1740) di Giovanni Battista Piazzetta e la carica umida delle vedute della Serenissima realizzate da Canaletto e Francesco Guardi.

Evoluzioni modernissime

La Pinacoteca di Brera si è infine arricchita di raccolte moderne, come la collezione Jesi, una selezione ricca di capolavori, da *Le peonie* di Filippo De Pisis (1936) alla terracotta di Arturo Martini (*Ofelia*, 1934); da Georges Braque (*Le guéridon vert devant la fenêtre*, 1942) a Maurice Estève (*Intérieur à la baie*, 1947) e Serge Poliakoff (*Composizione*, 1957).
Da Umberto Boccioni, che evolve dal primo Divisionismo dell'*Autoritratto (verso e recto)* (1908) verso il Futurismo nella *Rissa in galleria* (1910), ai quadri futuristi di Gino Severini, come *Le Nord-Sud* (1912), di Carlo Carrà (*Ritmi di oggetti*, 1911), di Ardengo Soffici (*Cocomero e liquori*, 1914), fino alla trasformazione del Futurismo in Cubismo, con gli studi condotti sempre da Severini in *Grande natura morta con la zucca* (1917), in *Natura morta con la fruttiera* (1918) e in *Nature morte avec mandoline* (1920).
E poi troviamo l'abissale *Atelier delle meraviglie* (1918-1919) di Mario Sironi insieme ad altri Sironi tetri e forti, come *Il camion* (1914) e *La lampada* (1919), che dialogano a loro volta con i primi quadri di Carrà, quando quest'ultimo diventa metafisico: *La musa metafisica* (1917), la *Camera incantata* (1917).
Un artista molto presente nella collezione è Giorgio Morandi, che era stato consigliato a Jesi da Lamberto Vitali, diventato poi il grande critico del pittore. A Lamberto Vitali è dedicato una sorta di cenotafio a memoria sua e delle sue collezioni: c'è una delle più belle nature morte di Morandi, il famoso vaso del 1918 (*Fiori*), la quale dialoga con uno straordinario piccolo dipinto di Amedeo Modigliani (*Enfant gras*, 1915), che richiama i ritratti del Fayyum tanto amati da Vitali, i quali a loro volta richiamano le statue egizie e romane del II secolo d.C.

› *Rissa in galleria*, olio su tela di Umberto Boccioni, 1910, Pinacoteca di Brera, Milano.

CAPITOLO 2

Milano e dintorni

Il Seicento lombardo, tra Controriforma e Barocco

Due cugini alla guida di Milano

A preparare il terreno al Seicento meneghino è Carlo Borromeo, arcivescovo di Milano per vent'anni, durante i quali porta a compimento i dettami della Controriforma. Con il suo approccio severo, ispirato a sant'Ambrogio, impone una rivoluzione nei costumi della Chiesa e, anche, nell'estetica lombarda. Basta nudi, corpi, carni, sensualità. Via all'architettura trionfante che esalta la divinità, come si può ammirare in San Fedele, solenne capolavoro di Pellegrino Tibaldi.

Ben più mondano di Carlo è suo cugino Federico, che sarà come lui arcivescovo della città qualche anno dopo. Suo è il merito della Biblioteca Ambrosiana: la straordinaria raccolta di codici, incunaboli, incisioni, disegni e manoscritti rispecchia lo spirito del cardinale, sensibile alle culture e alle religioni di tutto il mondo.

Se Carlo è santo, Federico è chic, e, come Scipione Borghese, appassionato d'arte. La Pinacoteca Ambrosiana sorge proprio dalla sua prima donazione. Dall'*Allegoria del fuoco* di Jan Bruegel il Vecchio alla *Canestra di frutta* di Caravaggio, dal *Ritratto di musico* di Leonardo da Vinci a opere di Tiziano e di Jacopo da Bassano, Federico è collezionista entusiasta, che corona la sua ambizione con il cartone preparatorio di Raffaello per la *Scuola di Atene* in Vaticano. È sempre lui a posare la prima pietra di Sant'Alessandro in Zebedia, dove qualcuno dice sia germogliato il Barocco.
A firma Borromeo, si possono ammirare anche Villa Litta, a Lainate, teatro di feste e ricevimenti, e il Palazzo sull'Isola Bella del Lago Maggiore, con la sua ricca quadreria e gli splendidi giardini all'italiana.

› *Monumento a Federico Borromeo*, scultura in marmo di Carrara e granito di Costantino Corti, 1864, piazza San Sepolcro, Milano.

La Controriforma e un rigoroso arcivescovo

Chi erano questi Borromeo? Come sempre nella storia d'Italia la questione inizia con il denaro. Fuggono da San Miniato nel Trecento, arrivano a Milano, e grazie a un'accorta politica matrimoniale conquistano l'appoggio della potente famiglia dei Visconti e poi degli Sforza, e diventano soprattutto banchieri o cardinali.
Una delle figure fondamentali per Milano è il cardinale Carlo Borromeo (1538-1584), canonizzato santo nel 1610 da Paolo V.
La situazione milanese è molto particolare in quegli anni: il ducato libero non esiste più, la Lombardia è dominata dai francesi prima, dagli spagnoli poi, fintamente autonoma e finalmente tornata sotto le mani di Carlo V d'Asburgo, imperatore del Sacro romano impero, che nomina duca di Milano il figlio, Filippo II di Spagna.
La fortuna di Carlo proviene dalle peripezie incredibili della famiglia di sua mamma, Margherita Medici di Marignano. La donna ha infatti due fratelli con una storia peculiare: Gian Giacomo e Gian Angelo. Il primo scorrazzava con le sue truppe sul lago di Como e venne a patti con il ducato di Milano accettando il titolo di marchese di Marignano. Godette inoltre sempre dell'amicizia fedele dell'imperatore Carlo V. Suo fratello Gian Angelo fece invece una carriera diversa: rinchiuso nel Castello Sforzesco di Milano come ostaggio per le scorribande del fratello, diventò cardinale e poi papa Pio IV. Il suo è un papato sostanzialmente filoasburgico e quindi filospagnolo, e Milano sarà quindi per la Spagna la più grande città di un territorio infinito che, all'epoca, va da Goa fino a Buenos Aires.

Carlo Borromeo cresce a Roma come cardinal nepote. Matura moralmente e politicamente nella fase ultima del Concilio di Trento, che si conclude nel 1564 e del quale il futuro santo sarà uno dei massimi interpreti come arcivescovo di Milano, dove si insedia nel 1565 dedicandosi anima e corpo alla sua missione pastorale e ad applicare fedelmente i voleri della riforma della Chiesa.

› *Ritratto di san Carlo Borromeo*, olio su tela di Ambrogio Figino, 1600 circa, Pinacoteca Ambrosiana, Milano.

Alla morte dello zio papa, avvenuta nel 1565, Carlo ha ventisette anni, nondimeno a Roma si mormora di una sua possibile candidatura al soglio pontificio. Lui però dichiara pubblicamente, come nella scena di un film contemporaneo, che mai assumerà la carica e indica come effettivo successore degno di suo zio Antonio Ghislieri, lombardo come lui, che diventerà Pio V e poi sarà canonizzato. Per la prima volta la Chiesa si trova ad avere un papa secondo i dettami precisi della Controriforma: povero, severo, intellettualmente preparato. E il cardinale Carlo torna al ministero vescovile di Milano, sapendo di essere l'uomo politico più influente nella Spagna di allora, retta ormai da Filippo II perché Carlo V aveva abdicato e poi era morto.

Durante il suo episcopato quasi ventennale si impegna nella diocesi milanese, dedicandosi alle visite pastorali, ai bisognosi, ma soprattutto costruendo, rinnovando e promuovendo varie chiese e al contempo occupandosi della stesura di rigide norme per il rinnovamento dei costumi clericali. Il tutto sull'onda del rigore e della morigeratezza: egli, infatti, attua una radicale azione di rinnovamento ecclesiastico secondo i dettami della Controriforma, cogliendone gli aspetti di sobrietà e severità, contribuendo così a mutare gli aspetti dell'estetica lombarda. È interessante un particolare della sua vita: la pubblicazione, nel 1577, delle *Instructiones fabricae et supellectilis ecclesiasticae*, una puntuale e autorevole risposta della Chiesa controriformata a tutte le accuse portate avanti in precedenza dal mondo protestante circa gli edifici ecclesiastici e i loro arredi. Il Concilio di Trento aveva infatti stabilito che le chiese e gli altri edifici di culto dovessero essere luoghi in cui la dimensione divina venisse esaltata tramite la magnificenza delle strutture e dell'arredo, e lo scritto del Borromeo è quindi un'esposizione precettistica di queste nuove norme.

La Controriforma nata dal Concilio si impone massicciamente per modificare il corso della storia dell'arte italiana, obbligando a una netta cesura con il passato impudico, quello fatto di nudi, di corpi, di carni, di sensualità: addirittura all'inizio del XVII secolo renderà proibito scolpire, dipingere, persino conservare o esporre al pubblico opere che non seguono i dettami tradizionali. Anche l'architettura segue precisi dettami, e si fa sempre più trionfante, declinata in Manierismo e Barocco.

› Chiesa di San Fedele, Milano.

ALESSANDRO MANZONI

Tra gli edifici previsti dal programma di riordino della diocesi voluto da Carlo Borromeo c'è il capolavoro di Pellegrino Tibaldi: la Chiesa di San Fedele, progettata nel 1569 e terminata dieci anni dopo, quando viene consacrata dallo stesso committente. L'architetto e pittore si adegua alle esigenze liturgiche sancite dal Concilio di Trento: concepisce quindi un edificio a navata unica – scelta funzionale a garantire la centralità dell'altare per la celebrazione eucaristica – e prevede un pulpito laterale per la predicazione. La facciata è dominata da un grande frontone triangolare; il portale è sovrastato da un timpano centinato e da una finestra con timpano triangolare, andamento ripreso, in piccolo, nelle quattro edicole poste ai lati della facciata principale e decorate con statue tra coppie di colonne. Per gli interni Tibaldi utilizza diversi materiali in pietra, tra cui spicca la pietra d'Angera, che donano alla

costruzione eleganti effetti cromatici. Le pareti sono ritmate, complesse e articolate: due ordini di archi minori che corrispondono a un matroneo (quello superiore) e otto confessionali intagliati e decorati con scene dal Vecchio e Nuovo Testamento (quello inferiore). Il complesso è fastoso e monumentale: l'ambiente è diviso in due ampie campate, coperte da volte a tazza che poggiano su sei colonne corinzie addossate alle pareti. Un grande arco trionfale divide l'aula dal presbiterio. La chiesa, in origine affidata ai Gesuiti, passa ai canonici provenienti da Santa Maria della Scala a fine Settecento, e la sua facciata viene terminata nel 1835, sempre nel rispetto dei disegni originari di Pellegrino Tibaldi.
Una curiosità: il milanesissimo Alessandro Manzoni abitava a pochi minuti da San Fedele, ed era solito recarsi a pregare qui. All'inizio del 1873 cadde sui gradini della chiesa e riportò un trauma cranico che lo condurrà alla morte il 22 maggio dello stesso anno.

La Biblioteca Ambrosiana, uno scrigno aperto sul mondo

Ben diverso da san Carlo è suo cugino Federico, di ventisei anni più piccolo, uomo certamente più mondano, anche nell'aspetto fisico, basti pensare al suo pizzetto *à la page*.
Federico nasce a Milano nel 1564, e viene presto guidato dal cugino già vescovo nella propria educazione, in particolare nelle materie umanistiche, che approfondisce all'Università di Bologna, e teologiche, presso l'Università di Pavia. Negli anni Ottanta si trasferisce a Roma, dove ha modo di conoscere vari artisti ed eruditi, e approfondire l'antichità classica. Viene nominato cardinale a soli ventitré anni. Nel 1595, diventa arcivescovo di Milano, proprio come suo cugino.
La figura di Federico Borromeo è legata in particolar modo alla Biblioteca Ambrosiana – da lui fondata nel 1609, tra le prime a consentire l'accesso a chiunque fosse in grado di leggere e scrivere e oggi simbolo della milanesità

› Cortile degli Spiriti Magni, Biblioteca Ambrosiana, Milano.

più profonda – e all'annessa Pinacoteca, istituita nel 1618. Queste due prestigiose istituzioni si collocano all'interno del tessuto di Milano, in maniera particolare per venire incontro al vuoto delle istituzioni ufficiali accademiche.
Il cortile della Biblioteca riassume molto bene i secoli di storia che ha visto l'intero edificio prima di diventare biblioteca: c'è quello che rimane dell'affresco quattrocentesco di Aurelio Luini e la Chiesa di San Sepolcro che fu costruita nel XII secolo con i pezzi del vecchio selciato del foro romano, oggi in parte conservato nei sotterranei della stessa Ambrosiana. Attorno a questo nucleo originario viene costruito il grande edificio di Lelio Buzzi e Francesco Maria Richini con i tre ordini delle colonne – dorico, ionico e corinzio –, ma con un gusto e uno stile prettamente lombardi, che emanano sicurezza.
Negli anni Trenta del XX secolo viene fatto un ulteriore rinnovamento con un intervento dell'architetto Ambrogio Annoni, e nel cortile, che oggi viene chiamato «degli Spiriti Magni» (dal Canto IV dell'*Inferno* dantesco nel quale vengono mostrati i grandi della poesia, della scienza e della cultura), viene aggiunta una collezione di statue in bronzo realizzate da vari artisti, italiani e internazionali: Luigi Orestano, Giannino Castiglioni, Remo Riva, Marcel-Antoine Gimond, Emmanuel Auricoste, Walter Ernst Flemming, Cecil Tim Brown, Béni Ferenczy, Ion Irimescu. Esse raffigurano Platone, san Tommaso d'Aquino, Dante, Alessandro Manzoni, William Shakespeare, Johann Wolfgang von Goethe, ma anche personaggi internazionali e inattesi, come lo scrittore e politico francese François-René de Chateaubriand, il letterato, poeta ed eroe nazionale ungherese Sándor Petőfi, l'intellettuale rumeno Dimitrie Cantemir e il medico alchimista svizzero Paracelso. Un vero e proprio convegno di cultura, antica e moderna.
Anche se molti dei suoi volumi sono andati distrutti nel corso del bombardamento del 1943, la collezione della Biblioteca Ambrosiana è davvero impareggiabile, non solo per la qualità delle scelte ma anche perché estesa verso le civiltà più lontane: più di un milione di stampati (tra cui anche migliaia di incunaboli e cinquecentine), quarantamila manoscritti (tra cui il celeberrimo *Codice Atlantico* leonardesco) in italiano, latino, greco, arabo, siriaco, etiopico, copto, cinese e molte altre lingue, dodicimila disegni (di illustri maestri), ventiduemila incisioni e diverse rarità (come mappe antiche, manoscritti musicali, pergamene e papiri).
L'impronta multiculturale e aperta di questa preziosa e variegata raccolta rispecchia lo spirito del cardinal Federico, il quale è una figura orientata al

dialogo e attenta alle culture e alle religioni di tutto il mondo. Il Borromeo, infatti, si occupa, tra le varie cose, di inviare delegati in tutto l'Oriente – nel lontano Yemen, in Arabia, a Gerusalemme, in Siria, in Egitto – per cercare di acquisire il maggior numero possibile di codici. Non è un caso, quindi, che i manoscritti più preziosi del Fondo arabo dell'Ambrosiana derivino proprio da queste missioni che il cardinale aveva istituito per poter arricchire sempre di più la sua collezione. Nello scrigno ambrosiano ecco che si possono trovare curiosità inattese, come un cinquecentesco Corano tascabile da viaggio completamente manoscritto e una sorta di enciclopedia araba che racconta la storia del mondo e degli animali.
Il cuore della Biblioteca Ambrosiana è la monumentale Sala Federiciana, un ambiente di lettura e di raccolta, voluta appunto dal cardinale e oggi integralmente restaurata a seguito dei bombardamenti inglesi nell'estate del 1943. In quella tragica occasione quarantamila volumi bruciarono, fra i quali un manoscritto di Galileo e una copia di uno di Keplero. La grande aula rettangolare ha una stupenda volta a botte. Al di sopra degli scaffali si trova una serie di ritratti, la quale presenta una decorazione a cornici in stucco di varie forme, ancora oggi visibili.
Rimane intatta e storica la più elegante delle scomuniche, posta all'ingresso della Biblioteca da piazza San Sepolcro: «Niuno ardisca da questa libraria ambrosiana cavar alcun libro o altra scrittura. Se questo farà, sappia che egli incontinente incorre nella papale scomunicatione». Una scomunica contro i delitti ai danni della cultura.

Il collezionismo del cardinale chic

Federico Borromeo, così diverso da suo cugino santo, è molto simile agli altri protagonisti della sua epoca, come Scipione Borghese, Gian Lorenzo Bernini, Diego Velázquez, e forse anche più tardi persino il cardinale Richelieu in Francia. Tutti loro vivono in un (proprio) mondo equilibrato, dove il rispetto e la stima di sé sono imprescindibili – così come il modaiolo pizzo-e-baffetti – e l'arte è preziosa, da custodire, cercare, acquistare, preservare. Federico è un uomo affascinante, è il cardinale chic, sia per estrazione famigliare sia perché appassionato e attento collezionista di ogni sorta di oggetto.

La Pinacoteca Ambrosiana, galleria d'arte di grande rilievo, sorge infatti dalla prima donazione del cardinale. Come il suo contemporaneo collega romano, Scipione Borghese, Federico ama raccogliere opere d'arte e trovare loro un posto degno della loro magnificenza. Apprezza molto la grande cultura europea del suo tempo, in particolare la pittura fiamminga, come quella di Paul Bril e, soprattutto, di Jan Bruegel il Vecchio, artista con il quale avrà rapporti epistolari perenni e al quale pagherà somme anche molto elevate per mettere le mani sulle sue opere. La Pinacoteca ospita numerose sue delizie, come *Topolino con rose* (1605-1611 circa), un piccolo capolavoro dipinto a olio su rame, tele raffiguranti nature morte e tripudi di fiori, e un quadro che colpisce particolarmente: l'*Allegoria del fuoco* (1608), sempre olio su rame, che è un carico di dettagli cristallini precisi fra i più impressionanti che si possano trovare. Ci sono gioielli, armature, tutto ciò che il fuoco può fare. C'è persino un lampadario, naturalmente di stampo olandese. Il tutto in un paesaggio infernale dove regnano oscuri diavolacci.

La passione del Borromeo per la pittura di buona, anzi di eccellente qualità, gli farà scoprire persino il giovane esordiente più promettente della Lombardia di allora, quel Michelangelo Merisi noto come Caravaggio del quale acquista la *Canestra di frutta* (1597-1600), prototipo di natura morta di spiccato realismo e massima attenzione al dettaglio.
Esattamente come il Borghese a Roma, egli compra opere di Tiziano, di Jacopo Bassano e di alcuni leonardeschi, come lo straordinario *Ritratto di dama* (1490 circa), che oggi si sa essere dipinto da Ambrogio De Predis ma che il cardinale ritiene «di mano di Leonardo». L'identità della donna è tuttora ignota: inizialmente si pensava a Beatrice d'Este, poi a Bianca Maria Sforza, Cecilia Gallerani, Bianca Giovanna Sforza o Anna Maria Sforza. Il Borromeo ha però anche molta fortuna, e compra un vero e proprio Leonardo, il *Ritratto di musico* (1485 circa) che tiene nella mano destra la partitura e che è forse il primo ritratto in cui il viso comincia a girarsi per essere preso da 3/4.

› Nelle pagine precedenti: *Canestra di frutta*, olio su tela di Caravaggio, 1597-1600, Pinacoteca Ambrosiana, Milano.

Come materiale didattico per l'Accademia Ambrosiana – lungimirante e ambizioso progetto del cardinale per la cultura e la continua ricerca della Verità e del Bello –, Federico Borromeo commissiona ad alcuni artisti minori le copie dei grandi, come nel caso di Antonio Mariani, che riprende *Enea e Anchise* di Raffaello. Materiali utilissimi allora per imparare, materiali molto interessanti oggi, perché sono i filtri dai quali si capisce come il Seicento vedeva il Rinascimento. In questo caso, Raffaello è letto dagli artisti contemporanei del cardinale principalmente come pittore anticipatore delle ombre che si manifestano nel caravaggismo imperante e come grande teorico delle carni, dei muscoli e delle tonalità.

Cinque anni prima di morire corona un suo sogno. Acquista il disegno più importante che ci fosse sul mercato, il più ambito tra i collezionisti, nonché il più grande rinascimentale a noi pervenuto: il cartone preparatorio (1509) di Raffaello per l'affresco della Stanza della Segnatura in Vaticano raffigurante la *Scuola di Atene*. Non lo compra come opera contemporanea, ma già da collezionista della storia dell'arte più in generale, perché il disegno, al momento del suo arrivo alla Pinacoteca Ambrosiana, ha più di cento anni. Questo prezioso capolavoro è veramente rivoluzionario, in quanto introduce la plasticità dei muscoli nel grande Rinascimento romano, e lo fa non copiando Michelangelo ma guardando al *Gruppo del Laocoonte* scoperto nel 1506.

Negli anni la Pinacoteca Ambrosiana ha continuato a raccogliere e a riutilizzare oggetti artistici e storici provenienti dal passato, come nello straordinario caso della bionda ciocca di capelli di Lucrezia Borgia, quasi oggetto di culto per i romantici dell'Ottocento, che venne accolta, negli anni Venti del XX secolo, come una specie di reliquiario, in una preziosa teca con supporto in malachite eseguita da Alfredo Ravasco, uno dei migliori orafi milanesi della prima metà del Novecento, con l'accostamento di materiali preziosi, pietre dure e gemme varie. Un prodotto d'arte raffinato e curato in tutti i minimi dettagli, come i due pendenti ai lati, che contengono gli emblemi araldici delle nobili famiglie Borgia (il toro) e d'Este (l'aquila).

Splendore barocco

Il cardinale Federico Borromeo non si occupa però «solo» di collezionismo e di questioni da biblioteca: la sua influenza si fa sentire anche sull'architettura. È infatti lui che posa, nel 1602, la prima pietra della Chiesa di Sant'Alessandro in Zebedia a Milano, un edificio di grande interesse storico ed estetico, dove la potenza della forma corrisponde alla potenza della Controriforma e il fastigio ondulato potrebbe essere il modello su cui si è formato il lombardo Francesco Borromini (che esporterà questa formula architettonica nelle sue opere a Roma, *in primis* nella Chiesa di Sant'Agnese in Agone), quest'ultimo importante indizio di una tesi sicuramente sfacciata, ma forse possibile: il Barocco è germogliato a Milano.
La chiesa moderna, caratterizzata da una pianta a croce greca inscritta in una pianta rettangolare con volte poggiate su colonne e una cupola che copre la pianta centrale, sorge su un'area in origine occupata dal carcere di Zebedia e successivamente da un edificio sempre dedicato a sant'Alessandro ma troppo piccolo per l'ordine dei Chierici regolari di san Paolo (i Barnabiti). Il progetto è a opera del barnabita Lorenzo Binago e di Francesco Maria Richini. La facciata, decorata con bassorilievi, è affiancata da due campanili laterali. La parte inferiore è ritmata con colonne e paraste che reggono il cornicione, mentre la parte superiore è leggera e ondulata. C'è un lungo dibattito sulla sua datazione, ma basta guardare con attenzione la facciata del Senato di Milano per capire che quel gusto della linea curva era già presente nella città meneghina. In Sant'Alessandro il «contenuto» ideologico batte sicuramente quello architettonico: è evidente la presenza dei dettami del Concilio di Trento; qui l'uomo si sente piccolo, ma non davanti al potere – come succede a Roma –, bensì davanti a Dio.
Gli interni, caratterizzati da tre navate, cinque cupole emisferiche e la cupola centrale, restituiscono una delle più grandiose opere barocche di Milano: la sontuosità dei marmi, la ricchezza delle cromie e delle varie decorazioni e l'inventiva architettonica, scultorea, pittorica e ornamentale incarnano alla perfezione la poetica della meraviglia tipica del Seicento italiano. Ogni angolo, soffitti compresi, è ricoperto di affreschi, stucchi, bassorilievi, dorature. Tra le varie opere pittoriche sono di rilievo quelle dei grandi maestri, come Camillo Procaccini (*Adorazione dei Pastori*, *Assunzione di Maria*), Daniele

Crespi (*Adorazione dei Magi*, *Decollazione del Battista*), Giovanni Battista Ossona (*Martirio di San Pancrazio*), Moncalvo e i Fiammenghini (questi ultimi decorano soprattutto la sagrestia e affrescano la quarta cappella di destra).

Gita fuori porta

Mentre a Milano il cardinale Carlo Borromeo impone una morale rigorosa e severissima, un altro cugino, Pirro Visconti Borromeo, quasi coetaneo di Federico, fa edificare a Lainate, nel contado milanese, una grandiosa villa di famiglia, luogo dove arte, storia e divertimento stupiscono e incantano chi arriva. Il palazzo – oggi Villa Litta, dal nome del marchese che la erediterà

› Chiesa di Sant'Alessandro in Zebedia, Milano.
› Nelle pagine successive: dettaglio del Ninfeo di Villa Litta, Lainate.

nel Settecento – viene progettato su modello di quelli medicei in Toscana, e diventa ben presto teatro di spettacolari feste e ricevimenti, importante luogo di incontro per artisti e intellettuali. Tra mosaici, statue, affreschi, ciò che più ammalia e diverte è sicuramente il monumentale Palazzo delle Acque, noto più semplicemente come Ninfeo, ambiente di raffinate delizie artistiche e tripudio manierista con arditi giochi d'acqua, talvolta anche scherzosi. Ideato dall'architetto lombardo Martino Bassi e realizzato tra il 1585 e il 1589, questo non

è solo un luogo di frescura per cercare sollievo dall'insopportabile calura della Pianura Padana, ma uno degli esempi più significativi del genere ninfeo, per la ricchezza delle decorazioni e i sofisticati e arzigogolati spettacoli idraulici governati da meccanismi estremamente tecnologici per l'epoca, tra l'altro ancora oggi funzionanti. Le sale del Palazzo delle Acque sono praticamente tutte decorate a mosaico con ciottoli tondi bianchi (in quarzo) e neri (in calcare), disposti a creare complicati intrecci con motivi geometrici e floreali. Le deco-

razioni, diverse in ogni ambiente, si ripetono simmetricamente sulle pareti di ogni sala. I soffitti di alcune sale sono composti da ciottoli dipinti, un *unicum* originalissimo nella storia delle realizzazioni a mosaico a noi note.

Questo edificio raffinato è decorato anche con grottesche, statue, fontane e opere che richiamano la romanità classica e altre che rappresentano un universo fantastico. Tra le sculture più suggestive e preziose, inserita al centro di una grotta, accanto a tre Naiadi in marmo, fauni, anfratti, nicchie e sedute in pietra, c'è la *Vegia tuntona* (da *tentona*, tentatrice), una Venere al bagno che rappresenta la tentazione, la perdizione e in generale la vita peccaminosa. Il suo soprannome, infatti, le è stato affibbiato dai lainatesi nei secoli: essendo la villa un ambiente privato, essi non vi potevano accedere, ma erano soliti arrampicarsi sul muro esterno del Ninfeo per sbirciare dentro l'unica finestra che dava sul mondo esterno, dalla quale potevano scorgere in controluce la sagoma sensuale della dea bagnata dagli spruzzi d'acqua.

› Fontana Galatea, Villa Litta, Lainate.
› Nella pagina accanto: Teatro Massimo, Palazzo Borromeo, Isola Bella.

Tra «semplici» fontane e gargolle manieriste, si nascondono infine i veri protagonisti del Ninfeo: divertiti – e divertenti – giochi d'acqua pronti a bagnare i malcapitati... Ecco quindi che lo spruzzo partito dallo schienale di una apparentemente innocua panchina colpisce alle spalle l'ospite che si azzarda a sedersi, o ancora che un malizioso getto d'acqua sorto dal basso verso l'alto si insinua sotto la gonna di una povera dama, la quale, ignara, conversa in piedi con il proprio interlocutore, senza sapere che sarà presto inzuppata.
Una strepitosa cornice di *divertissement*, lontana, solo metaforicamente, dal rigore etico e dalla morigeratezza che i progetti controriformistici di Carlo Borromeo impongono: l'altra faccia della medaglia.

Forse l'ultima grande gloria di casa Borromeo è il Palazzo Borromeo sull'Isola Bella, Lago Maggiore. Mentre l'Ambrosiana è sin dall'origine un'istituzione autonoma, per quanto legata ai Borromeo, l'Isola Bella è tuttora proprietà della famiglia, che la mantiene e la apre al pubblico: un'estensione di 320 metri di lunghezza per 180 di larghezza, in gran parte occupata dal giardino all'italiana del palazzo di famiglia, nella parte sud-orientale.

I Borromeo secondo l'araldica

La famiglia Borromeo ha arricchito il proprio stemma araldico nel corso dei secoli, complici le alleanze, i matrimoni, le variazioni di *status* e le conquiste territoriali. Ci sono elementi molto conosciuti, come l'unicorno, il cammello o il cedro, mentre la struttura si è andata modificando ed evolvendo: lo scudo centrale è diviso in varie parti e molti elementi decorativi si sono aggiunti. Oggi lo stemma presenta nello scudo il morso d'argento, una biscia cerulea con corona nell'atto di ingoiare un fanciullo, un'aquila nera con corona e un paio di ali, sempre nere, simboli della famiglia Arese, con cui si unì in matrimonio Renato Borromeo nel 1652. Il motto è *Humilitas*, sormontato da un diadema d'oro. I tre anelli a punta di diamante rappresentano gli Sforza, i Visconti e i Borromeo, mentre le trecce bionde legate con un fiocco simboleggiano santa Giustina, martire cristiana patrona della famiglia. Lo stemma è appoggiato a un drappo rosso foderato di ermellino e decorato con frange d'oro e una corona principesca.

L'edificio e i suoi monumentali giardini vengono edificati a partire dal 1632 per volontà del conte Carlo III Borromeo e i lavori vengono portati avanti e ampliati da Vitaliano VI. Gli interni del palazzo, raffinatissimo negli arredi e nei decori, ospitano la Galleria Berthier, una quadreria di oltre centotrenta dipinti e capolavori di vari artisti, come Luca Giordano, Pieter Mulier, Francesco Zuccarelli, Raffaello, Guido Reni, Correggio, Tiziano, stupendi arazzi fiamminghi del XVI secolo raffiguranti la lotta tra il Bene e il Male.
Nella camera da letto, detta «Sala delle Regine», la decorazione seicentesca diventa un tripudio dell'arricchimento infinito: consolle nere con le gambe a torciglione, cornici barocche, fondi di pietre di Lavagna sui quali sono dipinti fiori, Omenoni in marmo che sembrano proprio quelli che Leone Leoni aveva voluto sulla facciata del suo palazzo in via degli Omenoni 3, a Milano, e che il medaglista e ceroplasta Antonio Abondio aveva prontamente scolpito intorno al 1565.

Tra gli ambienti più particolari dell'edificio ci sono sicuramente le «Grotte», un appartamento concepito dal conte Vitaliano VI Borromeo come luogo per l'estate collocato quasi a pelo d'acqua, con le finestre che danno sul lago. Queste sei stanze a pianterreno, che si rifanno alle grotte di Palazzo Te a Mantova e a quelle della Villa Borromeo di Lainate, sono interamente rivestite – pareti, soffitti e pavimenti – di ciottoli, piccoli sassi, lava, residui di carbone, marmo e arricchite di ornamenti a stucco a tema marino: conchiglie, sirene, pesci, tartarughe, ninfe. Dietro a questo ambizioso e magico progetto c'è il lavoro progettuale di Filippo Cagnola, architetto fiorentino.
Nel giardino dell'Isola Bella, luogo di frescura che incanta il visitatore, c'è il Teatro Massimo, un monumento composto da statue, obelischi, fontane, e dieci scenografiche terrazze sulla cui cima spicca la statua dell'unicorno, simbolo araldico della famiglia Borromeo. Tutt'intorno, un tripudio di fioriture (camelie, rose, oleandri, agrumi, ortensie) e piante rare, alberi, aiuole e siepi.

Attento, ricercato, morigerato, divertente, lussuoso, chic, intellettuale, potente: questo era il Seicento della Controriforma lombarda. L'estetica di quegli anni milanesi tra XVI e pieno XVII secolo, dimenticata in gran parte per colpa un po' del dominio austriaco e un po' anche della lettura manzoniana pervasa di peste, è molto più sofisticata del previsto.

CAPITOLO 3

Mantova

Il periodo d'oro dei Gonzaga

Un gioiello nel cuore della Pianura Padana

Tutto inizia sull'acqua, là dove il Mincio si allarga in un gioco di laghi. Due ponti, una porta, un castello che viene inglobato in un palazzo e diventa una città al centro della città, smisurata dimora ducale adibita a ospitare, oltre ai suoi signori, le opere di Pisanello e Mantegna, Perugino e Tiziano, Tintoretto, Rubens, Guido Reni e molti altri. E poi, ancora, un palazzo ai margini, su un'isola oggi prosciugata, quel Palazzo Te capolavoro dell'*archistar* Giulio Romano – allievo ed erede di Raffaello – dedicato all'ozio, la più nobile e onesta delle attività umane.
Il tutto voluto da una dinastia, quella dei Gonzaga, che si conquista spazio tra Milano e Venezia e, ricevendo il testimone da Roma, dà forma a una delle più gloriose capitali del Rinascimento, patria del Manierismo, culla del collezionismo, frutto di un estro bizzarro che non ha paragoni e sa combinare la domestica semplicità del quotidiano con la lussuosa esuberanza del mito. Mantova, tra Trecento e Settecento, produce e consuma cultura come pochi altri luoghi al mondo. E neppure i lanzichenecchi e la peste riusciranno a metterla a tacere.

Tra cavalli e salamandre, putti e giganti, mostri e serpenti, la storia artistica della città si dipana, sulle note di Monteverdi e quelle di un giovanissimo Mozart, ospitato dal «più bel teatro del mondo», come un filo di preziosità, molte delle quali si distribuiranno tra i più celebri musei d'Europa. Lasciando, nel cuore della Pianura Padana, un gioiello di gusto e di eleganza che non ha bisogno di darsi arie per risplendere. Di luce propria.

Una nuova Roma

Mantova, luogo dal curioso destino: la più fascinosa del Cinquecento, saccheggiata nel Seicento, declassata nel Settecento. Eppure, era una città che doveva la sua sicurezza allo stare fra le acque, il che la proteggeva e ne ga-

› *Ritratto di Margherita Gonzaga, principessa di Mantova*, olio su tela di Frans Pourbus il Giovane, 1605 circa, The Metropolitan Museum, New York.

rantiva anche la ricchezza. Mantova è un'epifania, un luogo incantato, un agglomerato labirintico che si sviluppa attorno a Palazzo Ducale. Una volta era quasi un'isola, laddove il fiume Mincio si allargava in una serie di laghi: quello superiore, quello inferiore e quello di mezzo.
Ancora oggi ci si accede da due ponti, ponte dei Mulini e ponte San Giorgio, mentre la parte meridionale è stata ricollegata alla terraferma. Lo documenta bene il dipinto *Morte della Vergine* (1462 circa) di Andrea Mantegna, che raffigura, sullo sfondo, il ponte San Giorgio di fronte alla torre principale del castello.

Il ponte dei Mulini è rimasto anche lui lì dov'era da secoli, con i mulini che soffiavano acqua come Eolo soffia il vento, e separa le acque dei due laghi con una diga e con una fortezza che in passato ne chiudeva l'accesso. Questa fortificazione, chiamata Porta Giulia, è un capolavoro dell'architettura di Giulio Romano, con facciate che riassumono gli equilibri dell'antichità riscoperta: ricordano infatti una porta trionfale romana e presentano lesene doriche, una

trabeazione con triglifi e metope, un timpano triangolare e due attici sovrapposti, il portale ad arco e citazioni di un mondo passato, come le panoplie e i bassorilievi. L'androne non è affatto il solito anonimo spazio di passaggio, ma forma una vera e propria stazione militare. Il progetto è talmente curato nella precisione dei dettagli e dei disegni da fare di questo edificio un prototipo dell'architettura classica per tutta l'Europa successiva.
Mantova inizia il suo vero sviluppo all'inizio del secondo millennio, quando passa ai Canossa e sotto Bonifacio III (985-1052), uno dei signori più potenti del tempo, ne diviene capitale. Sua figlia, la famosissima contessa Matilde, amplia i possedimenti e fa costruire numerosi edifici religiosi, come la Rotonda di San Lorenzo (dell'XI secolo), un tempio che riprende la forma del Santo Sepolcro a Gerusalemme, ma che in realtà è un capolavoro della prima architettura romanica, con capitelli tozzi e solidi come l'anima militare di quegli anni, che si ritrovano in tutta l'Europa del Mille, a riprova della globalizzazione imperiale d'allora. Testimonianza significativa del periodo di Matilde di Canossa, la Rotonda di San Lorenzo è posta a un livello inferiore di circa un metro e mezzo rispetto all'attuale piano stradale e fu costruita con molta probabilità sulle vestigia di un precedente edificio romano. L'interno, dotato di deambulatorio e sovrastante matroneo, sorretto da possenti colonne, presenta tracce di affreschi di scuola bizantina locale. Dopo un lungo oblio, l'edificio viene ritrovato e recuperato nel corso dei primi anni del XX secolo, riaprendo al culto nel 1926. Fino a quel momento era infatti inglobato fra le case del ghetto e ne costituiva una sorta di cortile circolare, nel contesto di una città che spesso guarda il cielo attraverso inaspettati tondi, come quelli affrescati da Andrea Mantegna o da Giulio Romano, famosissimi, che chiudono rispettivamente il soffitto della Camera degli Sposi a Palazzo Ducale e quello della Camera della Caduta dei Giganti a Palazzo Te.

Dopo la morte di Matilde, avvenuta nel 1115, Mantova, ormai libero comune, diventa teatro di scontro con i territori confinanti. Nel 1276 inizia l'ascesa di una delle famiglie più potenti del tempo, i Bonacolsi, che saranno signori della città. Mantova interpreta però il suo vero destino di importanza con i Gonzaga, casata che deve l'inizio della propria influenza, come

› Veduta di Mantova.

spesso succede in Italia, al denaro, ma non in senso bancario come altrove (si pensi ai Medici), bensì in senso prettamente immobiliare: possiede terre in campagna e palazzi in città. Poi, come allora capitava, passa dall'accumulo di beni alla politica. Il 16 agosto 1328, con l'aiuto della famiglia Della Scala di Verona (in particolare del condottiero Cangrande), Luigi Gonzaga fa un *putsch*, elimina l'ultimo dei Bonacolsi, Rinaldo detto «il Passerino», e trasforma Mantova in una tipica signoria di legittimazione imperiale, come testimoniano tuttora i merli ghibellini collocati in cima al primo palazzo di governo, Palazzo Ducale.
Sotto questa nuova guida la città godrà del suo massimo splendore e fioritura artistica per ben quattro secoli.

Inizia la saga dei Gonzaga, capitani del popolo tutelati dall'impero e timorosi dei loro vicini veneti e milanesi, a tal punto che saranno a lungo vassalli dei Visconti. Fra il 1397 e il 1402-1404 Gian Galeazzo Visconti vuole conquistare l'Italia e costruisce una scacchiera territoriale e politica tale da sognare la monarchia. Si trova però in opposizione alle due grandi repubbliche di Firenze e di Venezia, che gli resistono con forza neutralizzandolo. Una delle fortune di Mantova è proprio l'implosione delle aspirazioni milanesi: nel Quattrocento la città gonzaghesca trova quindi l'area in cui crescere, perché il resto attorno a lei decade. Sotto il dominio del marchese Ludovico II (1412-1478), ha inizio la *renovatio urbis*, e Mantova si avvia a diventare una delle capitali del Rinascimento. Quando poi Roma si spegne progressivamente con la morte di Raffaello (1520) e il terribile sacco dei lanzichenecchi nel 1527, la città dei Gonzaga si pone come un'alternativa validissima, sostenuta dalla ricchezza e dal lusso, a loro volta sorretti da un'articolatissima struttura agricola.

«Città nella città»

Emblematico della lussuosa e poliedrica signoria gonzaghesca è il complesso di Palazzo Ducale, una delle più estese residenze d'Europa, che racchiude

› Facciata del Palazzo Ducale, Mantova.

quasi un migliaio di stanze, oltre che giardini, cortili, piazze, occupando più di tre ettari di superficie. La famiglia Gonzaga prende qui la propria residenza (come avevano fatto in precedenza i Bonacolsi) dal 1328 al 1707, quando l'ultimo duca è costretto all'esilio e Mantova cade sotto il governo degli Asburgo. Si dice che il palazzo sia «una città nella città», proprio per la sua estensione, complessità e dinamismo. Si estende tra la riva del lago inferiore e piazza Sordello. Nei secoli d'oro dei Gonzaga la reggia ducale si espande progressivamente, grazie all'aggiunta di nuove costruzioni e alla modifica di quelle già esistenti. L'intero complesso si divide in diverse macroaree: la Corte Vecchia (che comprende gli edifici più antichi vicino a piazza Sordello, edificati in epoca medievale, come il Palazzo del Capitano e la Magna Domus), il Castello di San Giorgio, la Domus Nova, la Corte Nuova, la Basilica palatina di Santa Barbara.

› Veduta del complesso di Palazzo Ducale, in particolare del Castello di San Giorgio.

Arlecchino il mantovano

Palazzo San Sebastiano, una delle tante dimore dei Gonzaga, costruito per Francesco II, ospita oggi il Museo della Città e custodisce un segreto curioso: una lapide in memoria di Tristano Martinelli (1557-1630), attore teatrale e acrobata, nonché creatore della maschera di Arlecchino, nonostante tutti pensino si tratti di un personaggio veneziano o bergamasco. In questa targa commemorativa uno dei più celebri protagonisti della commedia dell'arte è ritratto vicino al mulino di Bigarello, località in provincia di Mantova. Arlecchino è quindi nato nel Seicento alla corte dei Gonzaga!

Questa sontuosa dimora realizzata tra il XII e il XVIII secolo, summa del Rinascimento italiano, è impreziosita al suo interno da affreschi e dipinti di Andrea Mantegna, Pieter Paul Rubens, Tintoretto, Pisanello, fra gli altri. Un esempio è lo straordinario ciclo di affreschi a soggetto cavalleresco-arturiano raffigurante la battaglia di Louvezerp realizzato da Pisanello quando Gianfrancesco Gonzaga diventa marchese, nel 1433. Nonostante il progetto non fu mai portato a termine, le sinopie preparatorie e alcuni frammenti dei dipinti veri e propri, coperti con decorazioni in finto marmo alla fine del Cinquecento, sono stati recuperati e restaurati nel secolo scorso.

Tra il 1390 e il 1406 sorge il Castello di San Giorgio sui limiti esterni della città, perché i Gonzaga, capitani del popolo, sanno quanto il popolo si può ribellare e quanto convenga stare protetti. Ecco quindi che, per volere di Francesco I Gonzaga (1366-1407), Bartolino da Novara, progettista anche del Castello di Ferrara, costruisce una tipica fortezza quattrocentesca. Alcune leggende narrano che la notte di Natale, gli spiriti di Agnese Visconti e del suo amante, Antonio da Scandiano, fatti uccidere dal marito di lei, committente dell'edificio, si risveglino e si incontrino nella sala centrale del castello intrattenendosi fino alla mezzanotte in ricordo del loro amore e delle avversità incontrate.

L'edificio viene poi ristrutturato da Luca Fancelli sotto il governo di Ludovico II, nel 1459, perdendo le funzioni difensive e militari. Grande attenzione è data alle decorazioni delle stanze, affidate ad alcuni dei maggiori artisti del Quattrocento e del Cinquecento. È infatti qui, per esempio, che Andrea Mantegna affresca (tra il 1465 e il 1474) la famosissima *Camera picta*, o Camera degli Sposi, con la quale l'artista rende omaggio ai suoi mecenati. Al piano nobile si trovano invece il primo Studiolo e la prima Grotta di Isabella d'Este, consorte di Francesco II.

Il complesso di Palazzo Ducale continua a crescere infatti quando Francesco II Gonzaga (1466-1519) sposa la donna più affascinante, ricca e colta dell'Italia d'allora, Isabella d'Este (1474-1539). Il marchese affida all'architetto toscano Luca Fancelli il progetto di un nuovo edificio: la Domus Nova, che viene completata tra il 1480 e il 1484. Più di un secolo dopo, Vincenzo I (1562-1612) la sceglie come propria residenza e la fa trasformare dal pittore e architetto di Cremona Antonio Maria Viani. Quest'ultimo realizza nell'anticamera-salone – la cosiddetta Sala degli Arcieri – un soffitto come un cielo inquadrato e impreziosito da stucchi, sostenuto da grandi mensole sormontate da figure mostruose. Nel registro superiore si trova un fregio decorativo raffigurante tendaggi che lasciano intravedere zampe e code di cavalli. In questa sala sono oggi collocate alcune delle più famose opere della pinacoteca del Museo di Palazzo Ducale, fra cui spicca *La famiglia Gonzaga in adorazione della Trinità* (1605), una grande pala di Pieter Paul Rubens commissionata da Vincenzo I. L'opera era stata concepita come parte di un trittico comprendente anche il *Battesimo di Cristo* e la *Trasfigurazione*, ma queste ultime due tele, a seguito delle spoliazioni napoleoniche, sono state inviate oltralpe, mentre la *Trinità* è stata manomessa e tagliata (ancora oggi infatti si possono vedere le parti ricomposte, per quanto possibile).
Tornando a Francesco II, è importante la costruzione, al piano nobile del Castello di San Giorgio, di un piccolo ambiente privato nel quale la raffinata consorte può dedicarsi a passatempi quali la lettura, lo studio, la corrispondenza, oltre che al collezionismo di opere antiche e contemporanee. La realizzazione di uno studiolo è molto comune nelle corti italiane, basti pensare a quello di Federico da Montefeltro nel Palazzo Ducale di Urbino e a quello di Guidobaldo da Montefeltro a Gubbio.

› Interni del Castello di San Giorgio, Mantova.

VENERI

Mecenate delle arti e attenta alle mode rinascimentali, Isabella d'Este è considerata, dagli intellettuali a lei contemporanei, come una «decima Musa». Non è un caso, dunque, che sulle pareti dello studiolo siano raffigurate molte Muse, ispiratrici della poesia, dell'arte, della pittura, della musica. Sotto allo studiolo è collocata una «grotta», un ambiente con il soffitto a volte a botte che contiene altre opere dell'antichità e al quale si accede tramite una scala e un portale.

Nel 1519 Francesco II muore di sifilide e Isabella d'Este lascia il Castello di San Giorgio per stabilirsi in un nuovo appartamento situato al piano terreno della Corte Vecchia, dove trasferisce, ricreandone l'atmosfera, gran parte della sua precedente abitazione, tra cui lo Studiolo e la Grotta: c'è l'eleganza assoluta di stanze piccole e perfettamente decorate – pensate per una vita che può anche essere pubblica ma che è vissuta soprattutto come intimamente propria –, porte dalle dimensioni contenute e dalla qualità di esecuzione perfetta.
Tutto è inserito in un gioco sofisticato di prospettiva. La stanza più grande è la Sala della Scalcheria (o Camera Granda), dedicata a Venere e a dissertazioni mitologiche, affrescata a metà degli anni Venti del Cinquecento dal pittore Lorenzo Leonbruno. In questo ambiente egli decora la volta con affreschi e stucchi e la parte alta delle pareti con lunette raffiguranti scene di caccia dal significato allegorico.
Il restauro dell'appartamento vedovile di Isabella d'Este ha fatto emergere alcune scoperte estremamente raffinate: quelle della decorazione che lei fa apporre in queste stanze su pitture precedenti, dove alla policromia folle che impera fra Trecento e Quattrocento si contrappone coraggiosamente una monocromia elegante e severa nella quale dialogano il grigio, il rosso e l'oro (purtroppo ormai scomparso). Un decoro che si articola con estremo gusto, citando il Quattrocento e mescolandolo alla passione per l'antichità.

Nella collezione della nuova Grotta Isabella custodisce cammei, gioielli, monete, gemme, busti, bassorilievi, medaglie e molti dipinti, tra cui *Lotta tra Amore e Castità* (1503) di Pietro Perugino, *Isabella d'Este nel regno di Armonia* (1505-1506) e il *Regno di Como* (1511) di Lorenzo Costa il Vecchio, l'*Al-*

› Nelle pagine precedenti: *Lotta tra Amore e Castità*, tempera su tela di Pietro Perugino, 1503, Musée du Louvre, Parigi.

legoria della Virtù e l'*Allegoria del Vizio* (1531 circa) di Correggio. Caduta in disuso dopo la morte della marchesa, la Grotta viene spogliata delle pitture, che vengono traslocate in un'altra area del palazzo nel 1605. Nel 1627 circa le tele vennero donate da Carlo I Nevers (1580-1637) al cardinale Richelieu, che le porta a Parigi, dove confluiscono poi nelle collezioni reali di Luigi XIV e infine nel Museo del Louvre, nel quale sono ancora oggi custodite.
All'esterno dell'appartamento di Isabella si trova anche un piccolo giardino segreto, realizzato nel 1522.

Il più bel cammeo esistente, secondo Rubens

È molto curiosa la storia del Cammeo Gonzaga, opera della glittica arte ellenistica in sardonice, databile forse al III secolo a.C. e così chiamata perché apparteneva alla collezione della signoria mantovana. Questo splendido oggetto raffigurante due figure, una maschile in primo piano e una femminile in secondo piano, viene portato via da Mantova probabilmente dopo il saccheggio dei lanzichenecchi del 1630, e finisce nella collezione più sofisticata di quegli anni, quella dell'imperatore Rodolfo II a Praga. Ma chi di sacco colpisce di sacco perisce: la città boema viene depredata dalle truppe svedesi. Il cammeo passa così sotto la proprietà di Cristina di Svezia, regina che si converte poi al cattolicesimo e muore a Roma, dove si era portata il prezioso oggetto. Lo lascia in eredità al suo fedele amico, il cardinale Azzolino. Da lì passa agli Odescalchi, che a loro volta vendono la loro collezione a papa Pio VI, sul finire del Settecento. Napoleone si appropria della collezione del pontefice, così Giuseppina, la prima moglie dell'imperatore francese, lo tiene con cura nel Castello di Malmaison fino al 1814, quando lo zar di tutte le Russie, Alessandro I, entra vittorioso a Parigi dopo Waterloo. Lei, per ingraziarselo, durante una passeggiata serale gli regala il cammeo, il quale da allora è russo e oggi è custodito presso il Museo dell'Ermitage a San Pietroburgo. Manufatto preziosissimo di un mondo di una volta, quando gli oggetti dal valore inestimabile erano degni solo di re o di grandi principi.

La Wunderkammer più bella d'Europa

La famiglia Gonzaga vive nel lusso e spende gran parte del proprio denaro in quella straordinaria perversione che si chiama collezionismo: Mantova, nel complesso di Palazzo Ducale ma anche in altri edifici nobiliari, è una congerie forsennata, multipla, plurima e poliedrica di oggetti d'arte di ogni provenienza, di ogni cultura – italiana, fiamminga, francese – e di ogni tipo.

Le collezioni Gonzaga si riempiono così del meglio dell'attrezzatura principesca – armi, armature e scudi da parata –, di tessuti, reliquiari e scrigni con pietre dure lavorate, gioielli di ogni sorta, sculture antiche e tantissimi dipinti commissionati ad artisti come Sofonisba Anguissola, Lavinia Fontana, Andrea Mantegna, Correggio, Guercino, Giulio Romano e bottega, e molti altri.

Ci sono i ritratti dei vari Gonzaga, sempre in abiti sontuosi e pose regali, realizzati da Pieter Paul Rubens, Frans Pourbus il Giovane, Tiziano, c'è il curioso dipinto di Lavinia Fontana raffigurante un'autentica donna barbuta con vesti preziosissime: è Antonietta Gonzales, nativa delle Canarie e affetta da una forma rarissima di ipertricosi (1595 circa, oggi conservato presso il Musée du Château di Blois).

Jacopo Tintoretto dipinge invece, fra le tante opere realizzate per Vincenzo I, *Il ratto di Elena* (1578-1579, Museo del Prado di Madrid), una composizione dinamica e impostata sul contrasto tra il chiaroscuro delle figure in primo piano (l'impotente Elena e i suoi violenti aggressori) e uno sfondo molto luminoso nel quale i personaggi perdono definizione e finiscono per confondersi tra loro. Il padre Domenico, invece, realizza il cruento e oscuro quadro *Tancredi battezza Clorinda* (1586-1600, Museum of Fine Arts di Houston) e una *Maddalena penitente* (1598-1602, Pinacoteca Capitolina di Roma) che è modernissima, con i colpi di sole ai capelli.

E poi, ancora, ci sono i deliziosi *Rinaldo e Armida* di Domenichino (1620 circa, Musée du Louvre di Parigi), inseriti in un contesto bucolico con amorini impegnati in varie attività – dallo scambio di effusioni al sonno profondo –, un pappagallo e delle colombe, fiori e frutti sugli alberi e *Il bagno di Venere* di Guido Reni (1621-1623, The National Gallery di Londra), dove la divinità è cerulea e indossa curiosi sandali olimpici, mentre siede accanto a una scatola di gioielli d'epoca.

Appartiene alle collezioni Gonzaga anche il famosissimo *Cristo morto* (1470-1474 circa o 1483 circa) di Andrea Mantegna, incompiuto e trovato nello studio dell'artista alla sua morte nel 1506, oggi alla Pinacoteca di Brera di Milano.

La Wunderkammer della signoria mantovana conosce il periodo di massimo splendore sotto il duca Vincenzo I, che si occupa anche dell'inventario di tutte le opere collezionate. I pezzi più pregiati, però, a partire dal 1625 circa vengono venduti da Vincenzo II (1594-1627) al re d'Inghilterra Carlo I Stuart, nel tentativo di contrastare le difficoltà economiche del ducato. Nel 1630, i restanti capolavori vengono depredati dai lanzichenecchi, inviati dall'imperatore Ferdinando II per punire Carlo I Gonzaga-Nevers, reo di una politica filofrancese. Ciò che non era stato venduto agli inglesi viene devastato e rubato dagli alemanni. È per questo motivo che oggi metà dei musei d'Europa contiene capolavori che una volta erano appesi alle pareti dei palazzi mantovani.

Le stravaganze di un *archistar*

> Giulio Romano, che veramente si poté chiamare erede del graziosissimo Raffaello sí ne' costumi, quanto nella bellezza delle figure nell'arte della pittura; come dimostrano ancora le maravigliose fabbriche fatte da lui e per Roma e per Mantova, le quali non abitazioni di uomini, ma case degli dèi per esempio fatte degli uomini ci appariscono.

Così viene presentato da Giorgio Vasari, ne *Le vite de' più eccellenti pittori, scultori e architettori* (1550), Giulio Pippi de' Jannuzzi, detto Romano, l'architetto-pittore invitato presso la corte di Mantova all'età di venticinque anni, nel 1524, dal figlio di Isabella d'Este Federico. Allievo di Raffaello, egli diventa così una sorta di «trapianto» del suo maestro nel cuore della Pianura Padana e si può considerare come il vero *archistar* che trasforma l'immagine della città dei Gonzaga. Nasce uno dei connubi artista-nobile committente più importanti del mondo.

Tra il 1525 e il 1535 progetta e decora fuori dalle mura del potere – sull'isola del Tejeto (oggi prosciugata) – Palazzo Te, pensato come luogo destinato alle

attività di svago e tempo libero (il famoso *onestum otium*) del committente, Federico II. Qui l'architettura è potentissima: il complesso è ampio e basso, a pianta quadrata e con un grande cortile centrale. Le facciate sono su due livelli uniti da paraste doriche di ordine gigante e le loro superfici sono quasi totalmente ricoperte da stucchi e bugnato. Il rigore degli esterni dialoga alla perfezione con il tripudio degli interni.

Le sale di Palazzo Te vengono considerate manifesto programmatico della pittura manierista in Italia e in Europa. Esse sono adornate con sontuosi affreschi che esprimono l'estro bizzarro e la fantasia creativa del suo artefice. Giorgio Vasari visiterà l'edificio nel 1540 e dirà che Giulio Romano ha inventato una nuova «stravagante maniera di adornamenti di volte, spartimenti, con ricetti, sale, camere et anticamere divinissime» (*Le vite de' più eccellenti pittori, scultori e architettori*).
Stravagante l'architetto e pittore protetto dai Gonzaga lo è di sicuro, in tutti i modi: combina il gigantismo con il minimalismo delle grottesche, finti sarcofagi romani in stucco con finte spaccature, la semplicità del quotidiano con la complessità lussuosa del racconto mitico.

Per esempio, nella Camera delle Vittorie, che prende il nome dalle due Vittorie alate collocate agli angoli della sala, la sua bottega realizza sul soffitto a cassettoni e riquadri scene di vita domestica: una donna con il seno al vento si pettina, una sembra controllare l'eventuale presenza di pidocchi prima di spazzolare i capelli di una bambina, un'altra stende i panni mentre un'altra ancora prepara un vaso di fiori. Queste figure si concludono sotto con un fregio che ha apparenze già preliberty, decorato a grottesche.

In uno degli ambienti di questo palazzo adibito al piacere del vivere troneggia anche uno dei motivi concreti della ricchezza del ducato: il cavallo, allevato nelle scuderie gonzaghesche e venduto in tutta Italia. La Sala dei Cavalli ha appunto questi animali come componente decorativa, ritratti a grandezza naturale nella parte inferiore delle pareti: sono di un realismo impressionante, con il pelo lucido come visone. Essi dominano una colossale architettura affrescata,

› Dettaglio della *Caduta dei Giganti*, affresco di Giulio Romano, 1532-1535, Sala dei Giganti, Palazzo Te, Mantova.

con colonne a capitello corinzio e nicchie con finte statue di divinità. La parte superiore delle pareti presenta finti bassorilievi in bronzo che narrano le fatiche di Ercole. Il soffitto a cassettoni è in legno dorato su fondo blu ed è separato dalle pareti tramite un fregio con aquile, putti e altri elementi decorativi.
Questa sala precede la Camera di Amore e Psiche, una grande stanza che racchiude un ciclo di affreschi mitologici di enorme potenza, dove la fantasia è al potere. Il nome di questo ambiente deriva dall'omonima favola tratta dalle *Metamorfosi* di Apuleio e narrata sul soffitto, sulle lunette e su due delle quattro pareti. Giulio Romano riprende qui un tema che aveva già ritratto, insieme con Raffaello e altri pittori della sua bottega, anni prima, nella Loggia di Psiche della Villa Farnesina a Roma. Le pareti nord ed est sono invece decorate con altre scene della mitologia: il *Bagno di Marte e Venere*, *Bacco e Arianna*, *Venere e Adone*, *Giove e Olimpiade*, *Polifemo con Galatea e Aci*, *Pasifae e il toro*. È un mondo al rovescio, dove il cigno non fornica più con Leda ma con una divinità fluviale maschile, dove Giove dai mille fulmini guarda se stesso mentre seduce Olimpiade, dove le donne seminude sembrano delle Primavere androgine di Botticelli e hanno la cellulite, dove ci sono fauni ebbri di vino e signore-fauno dalle orecchie appuntite che allattano bambini-fauni con il codino. Un tripudio di carne ludica e bacchica, di mostri e serpenti, di angioletti e putti, di sensualità e voluttà, di un'antichità prorompente ed esplosiva.

La sala forse più famosa e scenografica del palazzo di Giulio Romano è quella della Caduta dei Giganti, che richiama l'omonimo racconto presente nelle *Metamorfosi* di Ovidio. Gli affreschi sono dinamici e carichi di un'intensità espressiva importante, e si coniugano agli illusionismi della resa pittorica, attenta a nascondere le limitazioni spaziali dell'ambiente. L'*archistar*, infatti, cerca il più possibile di smussare gli angoli tra le pareti e lo stacco tra queste e la volta, e realizza un pavimento (purtroppo oggi perduto) con un mosaico che poi si trasforma in pittura alla base delle pareti, il tutto con un risultato di incredibile unitarietà.
In un cielo turbolento e rotatorio, dove l'evoluzione scenica porta verso il basso e sembra abbattersi sull'osservatore, Giove, munito dei suoi celebri fulmini, e gli altri dèi immortali si precipitano giù dall'Olimpo per punire i Gi-

› Dettaglio della Camera di Amore e Psiche, affresco di Giulio Romano, 1526-1528, Palazzo Te, Mantova.
› Nelle pagine successive: dettaglio del *Banchetto rusticus*, affresco di Giulio Romano, 1526-1528, Camera di Amore e Psiche, Palazzo Te, Mantova.

EDERICVS
GONZAGA II
MAR·V·S·R·E

ganti che avevano cercato di assaltare la loro dimora. Alcuni di essi vengono così travolti da una frana, altri da impetuosi corsi d'acqua, altri dal crollo di un edificio... Questo è il primo vero racconto espressionista cinematografico della storia della nostra pittura, e sembra quasi anticipare l'amaro destino della casata gonzaghesca.

La fine ingloriosa di un mondo straordinario

Il 24 febbraio 1607, a Palazzo Ducale, davanti a un pubblico pronto a essere stupito viene rappresentato *L'Orfeo* di Claudio Monteverdi, il primo capolavoro della storia del melodramma, che segna il passaggio dalla musica rinascimentale a quella barocca. Il Barocco ha un effetto curioso nella musica: va ad alterare il concetto che essa debba essere solo cosa sofisticata. Alla raffinata e nobilissima Isabella d'Este piaceva soprattutto la musica degli strumenti a corda come il liuto, cioè quella pizzicata. Non avrebbe mai immaginato che vent'anni dopo la sua morte sarebbe arrivata una trasformazione importante in questo ambito, con la nascita del violino. Nel Seicento, inoltre, la voce si unisce agli strumenti, a quelli vecchi come a quelli nuovi. Questa mescolanza, questo cambiamento, legato comunque al permanere di una corte, fa sì che nasca proprio a Mantova la prima opera lirica, sommatoria di tanto *opus*: far musica, far decoro, fare immagine, far testo, far poesia, tutto in un *unicum* armonioso.
Le ambizioni opulente e illusionistiche tipiche del Seicento raggiungono anche la campagna vicina a Mantova, come testimonia la Favorita, villa costruita tra il 1615 e il 1624 dall'architetto ducale Nicolò Sebregondi per volere del duca Ferdinando (1587-1626). È un palazzo enorme, del quale rimane oggi solo una parziale rovina. Un sogno archeologico del Barocco, con colonne in pietra in mezzo a decori realizzati rapidamente e scomparsi con la stessa velocità, come lo stucco che si è sciolto sotto le intemperie, mentre la pietra serena delle finestre ha resistito un po' di più. È questa una delle ultime aspirazioni di un ducato ormai allo stremo, che tenterà di salvare le sue finanze vendendo gran parte delle sue preziosissime collezioni a Carlo I d'Inghilterra.

E poi ci sarà la vera disgrazia: il vaso (gonzaghesco) di coccio, una volta pieno d'oro, verrà stritolato fra i vasi di ferro della Guerra dei trent'anni, fra Francia, Austria, Piemonte e Spagna. Il sacco imperiale condotto dai lanzichenecchi nel 1630 e la durissima peste narrata da Manzoni porteranno alla distruzione. Dopo la catastrofe la popolazione del Mantovano si riduce a un quarto di quella precedente e non basta la generosità del duca di Modena, che invia duecento buoi e cento contadini, a risollevare quella che fu la più prestigiosa corte dell'Italia rinascimentale.
Ma nel 1708 Mantova subisce la sua ultima «punizione»: il duca Carlo Ferdinando di Gonzaga-Nevers viene condannato per fellonia, il ducato viene quindi abolito e i suoi territori passano sotto la dominazione austriaca.
L'immagine dell'ultimo Gonzaga diventa il prototipo del male, a tal punto che quando Giuseppe Verdi comporrà il *Rigoletto* (1851) ambienterà l'opera proprio alla corte di quel duca di Mantova: la rappresentazione del tentativo di omicidio di un nobile vizioso e dissoluto, appartenente a una casata compromessa per sempre, appare infatti molto più ragionevole e accettabile agli occhi della censura austriaca.
La nuova amministrazione, in linea con lo splendore culturale e artistico dell'epoca gonzaghesca, dà a Palazzo Ducale l'ultima modifica, preparandolo alle visite imperiali, e lascia alla città un clamoroso esempio di architettura barocca, il Teatro scientifico, concepito non per spettacoli teatrali, ma solo per conferenze scientifiche e concerti. Progettato e costruito da Antonio Galli da Bibbiena tra il 1767 e il 1769, l'edificio si colloca sul luogo in cui in precedenza si trovava il palazzo cinquecentesco di Ferrante I Gonzaga e dove si riuniva l'Accademia degli Invaghiti (fondata nel 1562, poi sostituita in epoca austriaca dall'Accademia dei Timidi e, dal 1767, dalla Reale Accademia di scienze e di belle lettere). Il teatro presenta una pianta a campana e diversi ordini di palchetti lignei affrescati dallo stesso Bibbiena, mentre la facciata viene realizzata da Giuseppe Piermarini. Nel 1770 ospita il concerto di un Mozart tredicenne, il cui padre afferma: «Oggi ho visto il teatro più bello del mondo».

CAPITOLO 4

Venezia

Da Veronese a Canaletto, tutti i colori della Serenissima

Natura, architettura, umanità

Venezia non esisterebbe senza la terraferma. E la campagna veneta, culminante nelle montagne del Cadore, non avrebbe respiro se non approdasse ai traffici urbani della laguna. Se oltre la curva non vedesse il mare, e in fondo al mare l'Oriente.

In questo dialogo ininterrotto tra il verde dell'acqua e quello dei prati, tra gli alberi delle navi e quelli dei boschi, magnifiche architetture più o meno inventate si alternano a dolci pendii e aspre montagne. *Skyline* di fantasia sono punteggiati dalle inconfondibili briccole, animali piccoli e grandi fanno compagnia a folle poliglotte, giunte qui da ogni parte del mondo. A tessuti e corpetti, a barcaioli e gondolieri, rispondono nuvole e fiumi, asini e cervi, strade, colline, castelli.

Da una parte, le città brulicanti di Carpaccio sfociano nelle futuriste pazzie di Tintoretto, per trovare infine pace nella morbida luce di Canaletto. Dall'altra, i «pittori campagnoli» hanno qualcosa di importante da dire. Ecco dunque le sante e le Madonne di Cima da Conegliano, i tramonti e le tempeste di Giorgione, i colori sfarzosi di Veronese, a far rivivere il mito nella corposità della materia. Ed ecco infine i piedi sporchi di terra di Jacopo da Bassano, che denunciano meglio di ogni altra cosa le origini rustiche dell'artista.

Manca solo, per chiudere il cerchio, la potenza indiscussa di Tiziano. Ma questa, come sappiamo, è un'altra storia.

Pittori di città e pittori di campagna

La pittura veneta è il risultato dell'incontro fra artisti di città, cioè di laguna, e artisti di campagna, di terraferma. I primi – per esempio Vittore Carpaccio, Tintoretto e Canaletto – sono severi, drammatici, teatrali, mentre i secondi

› *Sant'Elena*, olio su tavola di Cima da Conegliano, 1495, National Gallery of Art, Washington D.C.

– Cima da Conegliano, Giorgione da Castelfranco, Tiziano dal Cadore e il Veronese –, pur trasferendosi a Venezia da giovanissimi, sono portatori di una sensibilità sensuale estremamente particolare, perché la natura che dipingono gioca un ruolo fondamentale nella loro visione artistica.

Vittore Carpaccio (1465 circa-1525 circa) è uno dei migliori testimoni della vita, dei costumi e dell'aspetto della Serenissima tra il XV e il XVI secolo. I fattori che convivono sempre nella sua pittura sono tre: le architetture, i personaggi che chiacchierano tra loro e una quantità infinita di animali. Questa curiosa sommatoria è presente in una delle sue prime, e più importanti, opere, *Arrivo dei pellegrini a Colonia* (1490), telero facente parte del ciclo di *Storie di sant'Orsola*. Qui le architetture vere si sommano a quelle immaginate: le prime sono riportate per come sono viste nella realtà, le altre per come sono prodotte dalla pura fantasia del pittore. Tra l'imbarcazione ammiraglia da cui scende la santa e la strada che conduce alla città fortificata, ci sono, per l'appunto, tre elementi naturali: il mare, dipinto con tratti precisi ma delicati, un cane – protagonista regolare della vita quotidiana e dei quadri di moltissimi pittori lagunari – e la briccola, uno dei simboli veneti DOC.
Anche nella *Predica di santo Stefano* (1514, conservata presso il Louvre), uno dei cinque teleri delle *Storie di santo Stefano*, la componente architettonica è protagonista, ma sempre unita a qualcosa in più. Il mondo rappresentato dal pittore – forse una Gerusalemme fantastica – brulica di edifici all'orientale e del vociferare di tante figure, ma anche di motivi naturali. Sullo sfondo della scena nella quale il santo parla ad alcuni gruppi di persone su un piedistallo romano antico si vedono colline e alture, tipicamente venete, che evaporano nella foschia. Come l'architettura – un po' bizantina, un po' romana –, anche la natura, compresi due cervi in secondo piano, è immaginata. Carpaccio non è mai uscito da Venezia, ma da lì può osservare e appuntare ciò che nei suoi quadri è certo e reale: il movimento e la vita delle persone.

Il Veneto che fa scuola

Il mondo urbano e lagunare di Carpaccio viene spazzato via dall'arrivo di due «campagnoli»: Cima da Conegliano (1459-1517) e Giorgione (1478-1510).

Il Veneto è alla ricerca di una sua identità forte, ed è pronto a emergere anche a Venezia.

Cima da Conegliano è un artista molto prolifico, che ha imparato da Giovanni Bellini, suo maestro, un gusto preciso per la pittura, ma che ha anche saputo guardarsi intorno, attraverso l'Italia.
Quante cose può raccontare *Sant'Elena*, dipinto del 1495: lei sembra proprio veneziana, come lo sono le tante figure femminili disegnate dal Bellini nella seconda metà del Quattrocento. Lo straordinario corpetto della santa è ornato con perle e pietre preziose, che enfatizzano la femminilità dell'imperatrice di Costantinopoli rendendola incredibilmente sexy. Il motivo di questo indumento raffinato e sensuale è presente in molte altre opere di Cima, e generalmente sono sempre le sante martiri a indossarlo. È il caso di Lucia nel *Riposo durante la fuga in Egitto con i santi Giovanni Battista e Lucia* (1496-1498), di Caterina d'Alessandria nella *Madonna in trono col Bambino fra angeli e santi* (o *Pala di Conegliano*, 1492 circa) e in *Santa Caterina d'Alessandria* (1502), o della vergine a destra nella *Madonna col Bambino in trono tra due vergini martiri* (1495). Tornando a *Sant'Elena*, c'è un elemento che rende il quadro molto più ancorato al suo territorio d'origine, cioè Conegliano: il paesaggio è dipinto minuziosamente; c'è il fiume, ci sono le casette agricole vicino alle sue rive, ci sono lussureggianti colline e morbide nuvole venete.
Il paesaggio, la natura e gli edifici dipinti da Cima in quest'opera sono presenti anche nel *Riposo durante la fuga in Egitto con i santi Giovanni Battista e Lucia* (1496-1498) e nella *Madonna col Bambino* del 1496-1499 (conservata presso la National Gallery di Londra) – nella quale la donna è delicatissima, molto piccola e domestica, e guarda il suo Gesù Bambino dallo sguardo inquieto con una tenerezza materna assoluta.
Sempre nel museo londinese è conservata un'altra sua *Madonna col Bambino*, del 1505, dove però il piccolo Gesù ha un aspetto un po' meno preoccupato, mentre la Madonna è ancora più giovane. Qui torna lo stesso ponte, probabilmente la citazione del ponte perfetto di Rimini, quello antico romano di epoca tiberiana. Il rimando all'antico si ritrova alle spalle della donna, dove ci sono le rovine di un tempio, collocate tuttavia a metà tra due gruppi di edifici cittadini «moderni», cioè contemporanei all'artista. Per quanto riguarda le vesti della Madonna ci sono riferimenti cittadini, come la manica perfettamente lavorata, e agresti, nel velo ricamato con delicati e piccoli motivi floreali. E al-

cuni elementi richiamano altri pittori: la presenza di un cerbiatto cristologico rimanda a Vittore Carpaccio, nella sua *Presentazione della Vergine al tempio* (1505), il soldato con la lancia in mano a quello dipinto da Giorgione nella *Tempesta* (1502-1503 circa).

Il motivo del soldato in armi è presente anche in un quadro, sempre di Cima, di dieci anni prima, *Madonna col Bambino tra i santi Michele Arcangelo e Andrea*. Questa grande tavola racconta tutto il riscatto della nascita di Cristo sull'antichità distrutta, sempre con uno sfondo paesaggistico contemporaneo al pittore. Per il suo sant'Andrea Cima parte da un'incisione di Mantegna, come sempre da lui proviene l'attenzione e la passione assoluta per i finti marmi. Diversamente dai dipinti di Mantegna, però, l'archeologia presente in quest'opera non è assimilata del tutto: i dettagli antichi vengono rappresentati in maniera genuinamente «locale», come il classico motivo ornamentale a forma di bucranio – un teschio di bue che si alterna a festoni – che diventa una più banale testa di mucca.

L'influenza di Mantegna è ancor più evidente nella *Madonna col Bambino in trono tra i santi Giacomo apostolo e Girolamo* (1489, conservata nel Palazzo Chiericati di Vicenza), dove si può ammirare una minuziosa rappresentazione del cielo che si intravede in mezzo alle foglie (e che si ritrova per esempio nella *Madonna della Vittoria* di Mantegna). Un dipinto perfettamente rinascimentale nella sua concezione architettonica e nel suo ordine descrittivo, ma che conserva della cultura gotica un piccolo elemento, cioè una lucertola. Cima da Conegliano doveva essere proprio fiero del suo lavoro, se lo firma con tanta enfasi in un cartellino centrale, posto proprio sotto la Madonna.

Un tratto molto interessante del suo comportamento artistico è quello di essere talvolta ordinatissimo, quasi «minimal» – come accade nelle immagini devozionali della Madonna –, e altre volte capace di accumulare diversi e molti elementi, come nel *San Girolamo nel deserto* (1500-1510, conservato presso la Harewood House a Leeds). L'uomo è visto contemporaneamente in contemplazione (al centro) e mentre studia (a sinistra). Il luogo dove studia viene

› *Madonna col Bambino*, olio su tavola di Cima da Conegliano, 1505 circa, The National Gallery, Londra.

IOANES · BAPTISTA · CONEGLA

ripetuto una seconda volta (a destra) ed è comprensivo del leone che, secondo la leggenda, gli sarebbe stato per sempre vicino e grato perché il santo gli avrebbe tolto una spina da una zampa. Tutto è immerso in un *horror vacui* di natura gotica: tanti libri, lucertoloni e serpenti, il rapace simbolo dell'orgoglio dal quale guarire, due pernici dalle zampe rosse simbolo della tentazione. E, sullo sfondo, una sovrapposizione di piccoli paesaggi che sembra un collage. Una situazione assolutamente irreale.
L'altro «campagnolo» trasferitosi poi in città è Giorgio da Castelfranco Veneto, conosciuto come Giorgione. Nel Museo Casa Giorgione del suo luogo natio è conservato un fregio da lui realizzato che è molto significativo, perché si apre al mondo curiosissimo generato dalla fusione di astronomia e di astrologia, di matematica e di predizione. Il Veneto entra infatti in una dimensione che fino ad allora la pittura non aveva ancora percorso: quella dell'immaginario, che conduce nell'universo dell'improbabile e della surrealtà. Giorgione, infatti, è il primo incrocio fra un'esperienza primordiale, leggermente *naïve*, e uno sviluppo immediatamente successivo, consapevole e surrealista.
Le Tre età dell'uomo (conosciuto anche come *Lezione di canto* e realizzato tra il 1500 e il 1501) è un dipinto emblematico. Raffigura tre personaggi, di età differenti: il giovane al centro legge le note di un pentagramma, l'adulto sulla destra indica lo spartito, mentre l'anziano posto a sinistra guarda l'osservatore. Secondo molti critici d'arte i protagonisti del quadro sono in realtà lo stesso uomo, rappresentato in tre momenti della sua vita. L'elemento allegorico trainante è la musica, la più sofisticata delle arti numeriche, in particolare l'iniziazione a essa.

Queste tre figure ne ricordano altre dipinte da Giorgione, come quelle del *Doppio ritratto* (1502 circa), nel quale due giovani, uno in primo piano, pensieroso, e un altro, alle spalle, quasi inquisitorio, sono rivolti verso lo spettatore. Due personaggi enigmatici e ambigui, protagonisti di un quadro misterioso, come lo sono le puntine d'oro che cadono dal cappello del giovane in primo piano e l'arancia selvatica nella sua mano. E cosa si bisbigliano i due uomini ritratti nel *Ritratto d'uomo in armi* (1505-1510, conservato nel Kunsthistorisches Museum di Vienna)? Il protagonista, di profilo, è molto visibile, mentre l'altro è nascosto nell'ombra e gli posa una mano sul braccio.

Arcani misteri apparivano già in *Omaggio a un poeta*, del 1505 circa, attribuito a Giorgione ma forse di un suo allievo. In quest'opera è raffigurato un perso-

naggio triste, identificato da alcuni con Saturno, da altri con un poeta (per via della corona d'alloro), assiso su un trono con baldacchino sotto a un ombrello protettivo che sembra un moderno abat-jour. Gli rendono omaggio un uomo inginocchiato (forse Plutone), che per alleggerirgli la tristezza gli offre un vassoio di fiori recisi con le forbici che tiene ancora infilate nella cintura, e un paggetto, mentre un suonatore di liuto siede guardando verso lo spettatore e allietando la scena con un po' di musica. Il tutto inserito in un mondo fatato, dove un cervo è accanto a un pavone e c'è anche un leopardo, il quale è molto meno improbabile del previsto, perché nel 1402 ne arrivano due a Venezia, mandati nell'ambasciata del Negus d'Etiopia, e forse Giorgione ne sente parlare o li vede direttamente.

› *Le Tre età dell'uomo* (o *Lezione di canto*), olio su tavola di Giorgione, 1500-1501 circa, Galleria Palatina, Firenze.

Siamo verso la fine del Quattrocento: alcune immagini sono già entrate nella memoria collettiva, come quelle dei paesaggi di Cima di Conegliano, per esempio, che ritroviamo nell'*Omaggio a un poeta*. Il tutto sembra essere un'ipotesi di un improbabile paradiso terrestre, analogo a quello che in quegli anni sta scrivendo e descrivendo Francesco Colonna (1433-1527) nel suo romanzo allegorico *Hypnerotomachia Poliphili*. In fondo, sin dagli esordi, in Giorgione tutto è e non è, tutto è vero ed è fantasia: i suoi paesaggi incredibili sono un cocktail di campagna e di Venezia, i personaggi vestiti ogni volta in modo particolarmente bizzarro.

In *Sansone deriso* (o *Concerto*, del 1508 circa) campeggiano tre figure curiose, chiamate anche «personaggi in concerto» sebbene non cantino affatto: il barbuto a destra è silenziosissimo, l'uomo al centro forse urla, mentre è straordinaria, nella sua difformità e deformità, la posizione del personaggio di sinistra, il più grottesco dei tre, che sembra uscire dalla tela anticipando alcuni disegni eclettici e stravaganti di Gustave Doré (1832-1883).
Lo stesso dialogo misterioso si instaura nel *Cristo portacroce* (1508-1509), opera che la critica attribuisce o a Giorgione o a Tiziano, tra il Cristo e un bizzarrissimo uomo barbuto. Ma dietro ai due protagonisti si trovano altre due figure ancor più enigmatiche, che ricordano persino alcune caricature leonardesche.
Altri due dipinti dal significato sfuggente sono i famosissimi capolavori della *Tempesta* (1502-1503) e del *Tramonto* (1505-1508 circa), appassionati omaggi alla magia della natura e del paesaggio arcadico, nel quale grandissima importanza acquisiscono le condizioni meteorologiche.
Della prima opera sono state fatte migliaia di ipotesi e interpretazioni, tra cui quella, eccessiva, che il fulmine dipinto si stia abbattendo su quelle che sembrano essere le Twin Towers di New York. I misterismi non esistono in Giorgione, esiste solo un'anticipazione formidabile del dibattito che nel XX secolo opporrà la metafisica di De Chirico al mondo onirico di André Breton. L'uomo a sinistra appoggiato a un'asta ricorda moltissimo il soldato di Cima da Conegliano, con i pantaloni più corti. Le colonne sono due e sono rotte, forse una constatazione da parte del pittore che l'antichità si stava sgretolando. L'atmosfera è quella di un momento magico in cui la natura viene scoperta: e che cosa c'è di più naturale di una madre che allatta?

› *Tempesta*, tempera a uovo e olio di noce di Giorgione, 1502-1503, Gallerie dell'Accademia, Venezia.

In entrambe le opere i personaggi sono separati da un corso d'acqua che scorre sotto un ponte. Il *Tramonto*, inoltre, sembra tagliato in due verticalmente dalla presenza di un albero, collocato al centro della composizione come se fosse l'elemento principale. Alla sua destra si trova un inatteso e minuscolo san Giorgio che infilza il drago della tradizione, mentre ai piedi dell'albero ci sono due figure indecifrabili: un uomo intento a soccorrere e curarne un altro. Forse quest'ultimo è il Filottete del mito, ferito al piede da un morso di serpente, oppure un semplice viandante con la caviglia slogata. Sullo sfondo, ancora una volta, un paesaggio delicato e mentale, con un mare dal colore verde e cupo sul quale si sono fermate navi inattese e misteriose, mentre sulla sinistra del dipinto una parte di roccia si tramuta in un teschio. Un dipinto per nulla simbolico, come di solito si crede: è puramente onirico.

Per molti anni e pochi spiccioli

La Chiesa della Madonna dell'Orto a Venezia, edificio fenomenale, gotico, trecentesco e quattrocentesco, oltre a custodire una serie di tesori pittorici incredibili, come *San Giovanni Battista tra i santi Pietro, Marco, Girolamo e Paolo* (1495) di Cima da Conegliano, è famosa in tutto il mondo perché è il luogo di sepoltura di Tintoretto (1518-1594), pseudonimo di Jacopo Robusti, suo illustre parrocchiano, che qui dentro ha lavorato durante tutta la sua vita continuando a dipingere capolavori.

Sue sono due opere laterali dell'abside: la *Decollazione di san Paolo* e *La visione della croce a san Pietro*, entrambe del 1550-1553 circa. Nella navata di destra colpisce invece la *Presentazione della Vergine al Tempio* (1551-1556 circa), nella quale il pittore riprende le ottiche innovative di Tiziano e le trasforma in un gioco prospettico folle, quasi romantico, con scale ripidissime decorate alla perfezione che piacquero molto a Vasari, inducendolo a dire: «Un'opera finita, e la meglio condotta e più lieta pittura che sia in quel luogo».

Nel 1563, dieci anni dopo i primi lavori per questa chiesa, Tintoretto realizza i suoi impegni massimi, ai lati dell'altare: due teleri ogivali alti quattordici metri e mezzo e larghi alla base oltre cinque metri, *Il Giudizio Universale* e *L'adorazione del vitello d'oro*.

Il primo, un vortice folle della storia dell'arte, sorta di anticipazione delle pazzie futuriste, colpirà la fantasia di molti pittori a lui successivi, come Rubens. Alla base dell'opera un groviglio chiaroscurale di corpi mescolati con gli scheletri: tutti, ricchi e poveri, sono aspirati verso un destino terribile e irreversibile. Qui le tenebre, le paure e l'angoscia fagocitano l'umanità in un sapiente gioco di luci e ombre. Più su, il positivo, la luce: gli arcangeli e gli angeli, esaltati ed esaltanti, trascinano le anime buone a seno scoperto verso la bilancia che pesa le anime. Il tutto si conclude nell'alto dei cieli con un Signore quasi melanconico.

Il telero di fronte rappresenta l'episodio, narrato nell'Esodo 32, del vitello d'oro, l'idolo fabbricato dal fratello di Mosè, Aronne, per soddisfare la richiesta del popolo ebraico di avere un oggetto di adorazione visibile. Anche questa scena sembra divisa orizzontalmente in due: dall'alto della tela «si calano» dieci angeli danzanti incaricati di consegnare a Mosè le tavole. L'uomo, dipinto sul monte Sinai, è a braccia aperte, come se fosse pronto a prefigurare la crocifissione, ed è illuminato dalla luce abbagliante di Dio. In basso c'è il vitello d'oro portato dagli artisti per essere fuso. Qui sono troppe le somiglianze per non rendere certa l'interpretazione: molti dei personaggi sono ritratti di artisti dell'epoca. Si può presumere che il bel ragazzo posto a sinistra del vitello sia Giorgione com'era allora nell'immaginario collettivo popolare, e accanto a lui il suo amico Tiziano. Davanti c'è un Michelangelo avidissimo che affonda le mani nell'oro per metterlo in una grossa gerla. Un possibile Leonardo da Vinci è ritrovabile nel vecchio con barba a destra (che ricorda la *Scuola di Atene* di Raffaello) mentre Sansovino è l'uomo che indica la scena con il compasso da architetto in mano. In primo piano, a torso nudo, lo stesso Tintoretto, che però esagera nel farsi grande e bello. Intorno ci sono figure michelangiolesche, signore di schiena che ricordano le Sibille della Cappella Sistina, e un gruppo di dame veneziane di lusso: una sembra una fata, una si fa acconciare e mettere orecchini, mentre un'altra, con un abito blu lapislazzulo, indica il vitello con dita tese come fa Adamo sempre nella Sistina.

Tintoretto esalta in quest'opera il significato della fede dipingendone però il suo tradimento, perpetrato con l'adorazione di un falso idolo, in una sorta di incoraggiamento a non commettere più questo terribile errore. Inoltre, con la raffigurazione di alcuni suoi colleghi, il pittore muove una feroce critica all'avidità infinita del mondo dell'arte.

Per Tintoretto questa sarebbe potuta essere una commissione formidabile. All'epoca è all'apice della carriera, eppure accetta un pagamento minimo: chiede alla congregazione di saldare solo i materiali, perché reputa che questo sia il suo impegno sociale, politico e di fede. Duecento ducati soltanto, quindi. Poi però nasce il mito: che per il lavoro più eccezionale della sua carriera egli si sia fatto pagare solo due grandi orci di vino.

Tra lussi materici e antichi miti

Paolo Caliari, detto il Veronese (1528-1588), viene dalla campagna. Pittore della scuola veronese, formato nella bottega di Antonio Badile, è noto per il suo stile drammatico e colorato, per raffigurare maestosi spazi architettonici

e dettagli sfarzosi. I suoi dipinti, fatta eccezione per i numerosissimi ritratti, sono spesso carichi di personaggi.
I protagonisti maschili delle sue tele sono convinti e seri, anche quando diventano santi, come si può vedere in *San Menna* (1560 circa) – che con atteggiamento fiero sembra voler oltrepassare i limiti della tela –, mentre di quelli femminili sono rappresentate le carni morbide e biancastre. Le donne del Veronese si sostengono sempre il seno, non per nasconderlo, ma per porgerlo languidamente, come accade in *Marte che spoglia Venere con amorino e cane* (1580), un autentico capolavoro che raffigura il tradimento da parte della dea dell'amore (sposata con Vulcano) con il dio della guerra. I due amanti affogano in un lusso satrapico e veneziano. Il Veronese celebrerà tante volte il tema mitologico di queste due divinità, come in *Venere e Marte con Cupido* del 1570. In quest'opera straordinaria le perle di lei e la pettinatura sono realizzate con piccoli colpetti leggeri di biacca, la stessa che ritroviamo nella pittura liquida che definisce le tende. Una passione per il segno che diventerà una cifra regolare della pittura veneta, perché per i suoi artisti in realtà non è tanto il disegno che conta, quanto l'atmosfera che nasce dalla materia.
Mitologia e antichità sono temi molto dipinti dal Veronese: c'è la splendida *Lucrezia* (1585 circa), avvolta in un sontuoso drappo verde e ricca di gioielli, ma soprattutto dipinta nella sua disperazione, con il pugnale del suo suicidio nel petto sanguinante, mentre in *Giuditta e Oloferne* (1580) tutto è sensuale, dal viso da contadina della protagonista al suo seno che sembra quasi uscire dal corpetto. Il mito si riassume alla perfezione, complessivamente, nei quattro dipinti conservati oggi presso il Museum of Fine Arts di Boston e realizzati tra il 1560 e il 1569: *Giove con dea nuda*, *Giove con dèi e dee dell'Olimpo*, *Atteone che osserva Diana e le ninfe al bagno* e *Atalanta che riceve la testa del cinghiale da Meleagro*. Queste opere sono l'apice del paesaggio idilliaco ritratto nella *Tempesta* di Giorgione: la terraferma è ormai un'Arcadia erotica, dove la vita si svolge secondo i migliori parametri del Rinascimento diventato manierista. I protagonisti passano dal banchetto alla passeggiata intellettuale fino a un'altra sublime questione, l'incontro erotico. Il tutto sempre sotto il controllo del segno, della materia e del colore.

› Nelle pagine precedenti: *Le Nozze di Cana*, olio su tela del Veronese, 1563, Musée du Louvre, Parigi.
› *Marte che spoglia Venere con amorino e cane*, olio su tela del Veronese, 1580, The National Gallery of Scotland, Edimburgo.

Lussuria e nudità: dalla Bibbia al Prado

Susanna e i vecchioni è un soggetto iconografico molto usato dai pittori – da Lotto a Tintoretto, da Rubens a Rembrandt – e ispirato all'omonimo episodio biblico narrato da Daniele nel capitolo 13. Questa storia permette di raffigurare il nudo femminile, molto amato dai committenti delle opere, utilizzando il veicolo di un episodio biblico. Veronese raffigura il momento psicologicamente più interessante e sofferto della narrazione: il confronto tra Susanna e i vecchioni. La carne pallida e nuda della giovane donna trasmette una forte sensazione di fragilità, enfatizzata dai gesti e dalle pose minacciose degli anziani lussuriosi, che contrastano con il tentativo di coprirsi il corpo con un drappo e sottolineano così l'idea della sua vulnerabilità sessuale, non solo davanti ai suoi aggressori, ma anche allo sguardo degli spettatori.
La tela fu acquistata da Diego Velázquez a Venezia, ed è ora conservata al Museo del Prado.

I piedi più sporchi della storia dell'arte

Jacopo Da Ponte, detto Jacopo Bassano (1515-1592), nasce a Bassano del Grappa. È anche lui un pittore «di campagna», non privo di una forte capacità espressiva e con un'attenzione tipicamente artigianale ai dettagli concreti. Nei suoi dipinti si ritrovano straordinari paesaggi onirici, estetiche manieriste, città di fantasia ma anche scenette minime di vita quotidiana, quelle che lo stesso pittore vede accadere per le strade.
Jacopo non è afflitto dalle manie intellettuali dell'epoca, ma è sicuramente attento alla realtà che vive. Ciò lo si può notare in *Sant'Orsola tra i santi Valentino e Giuseppe* (1542), dove la giovane martire è rustica, come le origini dell'artista. Sono commoventi le unghie dei suoi piedi, un po' sporche, come quelle di chi porta poco i sandali. Altro dettaglio estremamente realistico è la rappresentazione di pezzetti bianchi di legno sulla dentatura della sega.

Molte opere di Bassano presentano microcontraddizioni che fanno emergere l'abilità del pittore di mescolare sapientemente la raffinatezza e l'umiltà, la solennità e il quotidiano. È il caso di *Riposo durante la fuga in Egitto*, del 1547 circa, acquistato cinquant'anni dopo la sua realizzazione dal cardinale Federico Borromeo, che in esso trova una serie di virtù estetiche fondamentali. La Madonna è manierista ma, mentre il suo comportamento è aulico, il suo viso grazioso è agreste, e il Bambin Gesù sembra proprio un *puteo* veneto, di quelli che si potevano vedere nascere in campagna. San Giuseppe ha un volto realmente preoccupato e la sua condizione umile è rappresentata nei singoli dettagli, nella precisione della calzatura e dei calzari. E poi ci sono tre personaggi che non avrebbero nulla a che fare con il tema, caro all'iconografia religiosa, della sosta della Santa Famiglia durante la fuga in Egitto, originariamente una fuga da miserabili, quindi senza servitù appresso. Queste figure tengono a bada un asino che ha un muso riprodotto alla perfezione, emblema dell'attenzione precisa di Bassano alla vita naturale. Realisticamente, la corda della musina è arrotolata attorno all'orecchio per tirarlo giù e ridurlo all'obbedienza.
Nell'*Adorazione dei Magi* (1560 circa) il pittore realizza una Madonna molto simile alle sue precedenti, che tiene in braccio il medesimo fanciullotto rubicondo con un ciuffetto di capelli in testa. L'assoluta novità della rappresentazione di questa scena più volte riproposta nei secoli è la raffigurazione dei Magi ammirati, in particolar modo il vegliardo con abito verde di sontuosa qualità, intento a fare moine al Bambin Gesù. Egli è sì riccamente vestito, ma è in una posizione assolutamente popolare, cioè in ginocchio. Il vero centro del quadro è, curiosamente, proprio lui, a tal punto che al pittore, in corso d'opera, viene quasi un pentimento poetico, e decide di segnalare la centralità di Gesù mediante un raggio luminoso che lo colpisce.

Jacopo Bassano pone una grande attenzione anche allo scorrere del tempo e all'importanza delle varie età dell'uomo: in *Pentecoste* (datazione incerta) la Madonna invecchia, proprio come sta invecchiando lui. E, ancora una volta, enfatizza il valore della vita quotidiana, grazie ai dettagli materiali, come i piedi sporchissimi di uno dei personaggi del dipinto. È la dichiarazione di libertà di una popolazione di campagna che vive a piedi nudi e contesta profondamente la Venezia – ricca – delle ciabatte. Il pittore fa tutto ciò assimilando al meglio la grande lezione di un Tiziano che sta diventando impressionista,

dove non conta più il disegno, ma solo la materia che va a formare l'immagine, e dove i contrasti fra i colori possono essere totali.

Nel suo *San Cristoforo* (1556 circa) succede un fatto molto curioso: il Manierismo diventa Espressionismo e le sfumature del rosa, forse originarie della scuola fiorentina, insieme agli azzurri dei fondi, probabilmente influenzati dai primi tentativi visivi di Giorgione, generano un gioco cromatico che El Greco porterà in Spagna tra fine Cinquecento e inizio Seicento (come si può notare nella sua *Sacra Famiglia* realizzata nel 1595). Chissà se questo è il motivo per il quale il dipinto di Bassano sarà mandato a Cuba nel 1842 per costituire la base della Galleria di formazione accademica.

In *San Valentino battezza santa Lucilla*, del 1575 circa, troviamo la sintesi delle lezioni che il pittore veneto ha imparato nel corso degli anni e i suoi tratti caratteristici: il tranquillo cagnetto «alla Tiziano» è collocato in basso a destra, la capacità di dipingere le stoffe è insuperabile, sia nell'abito argentato della santa che si fa battezzare sia nel tessuto *moiré* cangiante della manica del paggetto, la croce è quella che si ritrova in molte altre sue opere, e poi, ancora una volta, vari elementi realistici che l'artista vede nella sua quotidianità, come la sedia in paglia, un paio di forbici, il cestino dei lavori – che ogni buona fanciulla per diventar santa deve necessariamente praticare – e la mela, piccola curiosa nota conclusiva del dipinto intero.
Ormai il suo codice linguistico-artistico è stabile: egli è esperto in contadini che si inginocchiano facendo vedere le scarpe, oppure in altri che mostrano, noncuranti, i loro piedi sporchi, in Bambin Gesù assolutamente domestici e leggermente carichi di carattere, nella raffigurazione esaltatoria di un mondo rurale e dei suoi animali. Tutti aspetti che piacciono molto alla Controriforma nascente. E l'artista «pop», cioè attento al popolo, diventa così artista di traino.

› *San Valentino battezza santa Lucilla*, olio su tela di Jacopo Bassano, 1575, Museo Civico, Bassano del Grappa.

La Serenissima e le sue morbide vedute

Antonio Canal, detto il Canaletto, è un pittore «di città»: nasce a Venezia nel 1697 e viene sin da piccolo indirizzato dal padre scenografo verso l'arte. I suoi lavori iniziali sono molto più romantici d'aspetto di quanto non saranno quelli finali: si caratterizzano per tonalità scure e contrasti, mentre successivamente prediligerà cromatismi più chiari e luminosi. Tra il 1718 e il 1720 il giovane si trasferisce a Roma, insieme al padre e al fratello, per realizzare le scenografie di alcune opere teatrali, come quelle di Antonio Vivaldi. Questo viaggio è per lui decisivo, in quanto proprio nella Città Eterna ha i primi contatti con i pittori vedutisti, come Viviano Codazzi, Giovanni Paolo Pannini e l'olandese Caspar van Wittel, che lì lavora da trent'anni. I fondali da lui realizzati nascono quindi nell'ambiente romano, ma contengono anche alcuni personaggi veneziani antichi e archetipici.

La pennellata originaria, modernissima per noi ma in realtà figlia della cultura seicentesca, gli permette di inventare un mondo che è una versione nuova di quello romano. Canaletto riesce a combinare due percorsi: quello del padre, che lavora per il teatro, e quello che scopre a Roma grazie a van Wittel, cioè il vedutismo, perché il paesaggio piace e stupisce i nordici che arrivano in Italia. Tornato nella sua città natale, inizia a dedicarsi a tempo pieno alla pittura di vedute. La descrizione dei paesaggi che osserva e ritrae è affidata a segni semplicissimi, in apparenza quasi banali, ma che i nostri occhi percepiscono come autenticità totale. Questo tratto elementare esalta la rappresentazione genuina, quasi puerile, dell'acqua e dell'aria della laguna. I suoi dipinti riescono infatti a far emergere la sensazione tattile della temperatura e dell'umidità tipicamente veneziane.

Le sue visioni si trasformano in una narrazione densa di tratti essenziali e naturali nel quale tutto diventa possibile, ivi compresa l'esistenza, quella dei veneziani che navigano i canali, che parlano tra loro in piazza, che passeggiano per la città. In contemporanea ai dipinti vedutisti, infatti, Canaletto porta avanti la narrazione di una vita che è come quella di un teatro brulicante,

› Nelle pagine precedenti: *Canal Grande*, olio su tela di Canaletto, Fine Arts Museums of San Francisco, San Francisco.

› *Capriccio con la Chiesa di San Giorgio Maggiore e il Ponte di Rialto*, olio su tela di Canaletto, 1750 circa, North Carolina Museum of Art, Raleigh.

con la capacità di raccontare i piccoli dettagli quotidiani, come il giardinetto sull'altana e il corteo colorato di personaggi raffigurati in *Il doge in visita alla chiesa di San Rocco per la festa del santo* (1735 circa).
Per Canaletto maturo – dalla metà del Settecento – il mondo è qualcosa di molto curioso, un'atmosfera architettonica abitata da pupazzetti e marionette che emergono grazie a un singolo colpo di pennello.
L'unione tra architettura e umanità è evidentissima in tre dipinti: *Palazzo Ducale e piazza San Marco* (1755), uno dei suoi capolavori, e le due versioni, una piccola e una grande, della *Scala dei Giganti* (datazione incerta), raffiguranti il cortile di Palazzo Ducale, residenza del doge e centro del potere.

Precisione, paesaggismo e prisma ottico

Anche se a Venezia alcuni artisti avevano già dipinto delle vedute, il primo vero grande inventore del paesaggismo è Caspar van Wittel. La meraviglia del suo lavoro sta in alcuni piccoli dipinti fatti a tempera, dove la passione per la precisione raggiunge l'apice. Esperto di architetture ma anche ideatore di un segno semplice per rappresentare l'acqua, tanto cara ai veneziani così come agli olandesi, forse è il primo ad aver usato il prisma ottico, uno strumento che permetteva di vedere contemporaneamente la veduta e il foglio di carta, il che consentiva una stesura rapida e precisissima, lo spostamento dei punti di fuga e il cambiamento della dimensione prospettica. Per questo viene soprannominato a Roma «Gasparre degli Occhiali».

› *Veduta di Palazzo Ducale e piazza San Marco a Venezia*, olio su tela di Canaletto, 1755 circa, Gallerie degli Uffizi, Firenze.

Il primo è uno scorcio suggestivo e scenografico del Canal Grande, dal quale emerge l'architettura maestosa di Palazzo Ducale e degli edifici intorno alla piazzetta che lo collega a piazza San Marco; il tutto dipinto con estrema cura, persino il riflesso nelle acque della laguna è impressione di verità. In primo piano, le persone, tanto care a Canaletto: barcaioli e gondolieri intenti a vivere la loro quotidianità di lavoro.
Anche la versione piccola della *Scala dei Giganti* è una delizia di materia: gli scalini sono rappresentati con un gusto quasi impressionista e i volti delle figure ritratte affiorano da un tratto di pennellino. Nel quadro grande tutto si semplifica: la scala è dipinta solo con segni «banalissimi» e i visi sembrano pura scenografia.

CAPITOLO 5

Trieste

L’epopea della borghesia ottocentesca

Una piccola capitale imperiale e regia

Nell'Ottocento in Europa trionfa la borghesia. A Trieste – importante porto austro-ungarico – banchieri, imprenditori e commercianti si arricchiscono investendo, tra le altre cose, anche in palazzi, teatri, musei e biblioteche, che ne adornano le strade trasformandola in una splendida città-salotto. Ma non è tutto. Mentre scrittori e artisti si riuniscono al Caffè degli Specchi o al Tommaseo per discutere di politica, letteratura, arte e filosofia, i lavoratori portuali, gli operai delle fabbriche e gli artigiani lottano per i loro diritti.

La meravigliosa piazza Unità d'Italia conferisce al cuore cittadino un gusto eclettico, che mescola suggestioni neorinascimentali e motivi neoclassici, tracce bizantine e atmosfere asburgiche.
Statue e vetrate, fontane e scalinate, splendidi saloni e stucchi preziosi fanno di Trieste una piccola capitale *imperiale e regia*, abitata da grandi personaggi: tra tutti Pasquale Revoltella, che allarga l'orizzonte dall'Adriatico fino al Canale di Suez e lascia ai suoi concittadini un palazzo e una collezione d'arte che diventeranno museo.
Ma Trieste, crocevia cosmopolita, accoglie anche ospiti internazionali, più o meno illustri, che contribuiscono alla sua architettura: il greco Demetrio Carciotti, con il suo omonimo palazzo; Anton Jakič, ex pope dalmata e, forse, spia per conto dello zar, con la sua «Casa delle zivòle»; e, *last but not least*, lo sfortunato Massimiliano d'Asburgo-Lorena, arciduca d'Austria e poi imperatore del Messico, con l'eccentrico e romantico Castello di Miramare.

Uno scenografico «salotto» borghese

Il libro *Il trionfo della borghesia. 1848-1875* di Eric Hobsbawm (1977) focalizza negli anni tra la rivoluzione del 1848 che divampò attraverso l'Europa e

› *Allegoria dell'acqua marina*, scultura sulla facciata del Palazzo del Lloyd Triestino, Trieste.

la crisi del 1875 l'apice della borghesia europea. Ebbene, un esempio precisissimo, locale, importante che racconta proprio questa storia è Trieste.

Nel corso dell'Ottocento, infatti, la città vive un periodo di grande prosperità e sviluppo, diventando uno dei principali centri economici dell'impero austro-ungarico: la borghesia, composta principalmente da commercianti, industriali e banchieri, gioca un ruolo fondamentale nel plasmarne l'aspetto e la cultura.

Grazie alla sua posizione strategica di importante porto marittimo, Trieste è crocevia del commercio internazionale, fulcro fondamentale per gli scambi tra l'Europa centrale e l'Est che sfruttano il corridoio del Mar Adriatico e, dalla seconda metà del XIX, il collegamento ferroviario con Vienna. Questo ha portato a una notevole crescita economica e ha reso la borghesia triestina ricca e influente. Le grandi famiglie investono nel commercio marittimo, nell'industria navale, nella cantieristica e nell'industria metallurgica. I nomi più ricchi e influenti, come i Revoltella, gli Scaramangà e i Morpurgo, hanno

costruito la propria fortuna attraverso queste attività e hanno contribuito in maniera preponderante allo sviluppo della città.
La ricchezza accumulata si riflette anche nella cultura e nell'architettura triestine: si costruiscono sontuose dimore, palazzi e ville, edifici spesso caratterizzati da uno stile neoclassico o neorinascimentale, dove gusto ed eleganza la fanno da padroni. L'alta borghesia sostiene anche le arti, finanziando la creazione di teatri, musei e biblioteche. I caffè storici, per esempio, come il Caffè degli Specchi, il Caffè Tommaseo e il Caffè Urbanis, sono luoghi pieni di fascino dove scrittori, poeti e artisti si riuniscono per discutere di politica, letteratura, arte e filosofia.
Tuttavia, nonostante la prosperità di alcune famiglie, la città vive anche forti contrasti sociali. Accanto alla ricca borghesia c'è una classe operaia numerosa e spesso sfruttata: i lavoratori portuali, gli operai delle fabbriche e gli artigiani lottano per ottenere migliori condizioni di lavoro e una maggiore rappresentanza politica. Questi conflitti sociali sono una costante durante tutto l'Ottocento e contribuiscono alla formazione di movimenti politici e sindacali.

› Dettaglio della facciata del Palazzo della Luogotenenza austriaca, Trieste.
› Nella pagina accanto: veduta di piazza Unità d'Italia, Trieste.

L'internazionalismo, la ricchezza, il gusto, l'eleganza di Trieste si ritrovano ancora oggi in molti dei suoi monumenti e edifici, come quelli che sorgono nell'attuale piazza Unità d'Italia, anticamente chiamata piazza San Pietro, dal nome di una chiesetta ivi esistente, poi, nel 1863, piazza Grande, successivamente, durante il periodo austriaco, piazza Francesco Giuseppe, e ancora piazza Unità nel 1918, quando la città fu annessa all'Italia. La piazza comprende, tra i vari edifici, il Palazzo della Luogotenenza austriaca, il Municipio, il Palazzo Stratti, il Lloyd Triestino e la Fontana dei Quattro Continenti.

› Palazzo del Municipio e Fontana dei Quattro Continenti, Trieste.

Il primo fu voluto dal dominio asburgico e costruito nel 1764 su ordine di Maria Teresa d'Austria. Ricostruito all'inizio del Novecento, lo splendido palazzo, uno dei più importanti della città, presenta un gusto neorinascimentale e neobizantino al contempo, archi e mosaici in vetro di Murano compresi, con cuspidi Jugendstil, putti ungheresi, e un cocktail di immagini un po' medievali e un po' rinascimentali racchiuse in tondi sulla facciata, accanto a moderne tapparelle.

Sempre di epoca asburgica ma realizzato tra il 1873 e il 1875 è il Palazzo del Municipio, progettato dall'architetto triestino Giuseppe Bruni e i cui lavori furono diretti dall'ingegnere e architetto Eugenio Geiringer. L'edificio rispetta, nel suo eclettismo totale assolutamente ottocentesco, i tre ordini dell'architettura, mescolati con ogni tipo di altra invenzione. La facciata è formata da due corpi laterali di quattro piani di altezza e da un corpo centrale più alto e riccamente decorato. Il piano terra è organizzato come una specie di porticato realizzato con una serie di archi a tutto sesto, mentre ai piani superiori le numerosissime finestre sono bifore o trifore.

Al centro della facciata si innalza la torre dell'orologio, in cima alla quale sono collocate le statue di due mori che battono su una campana i rintocchi

Architettura con soprannomi

Nel progettare la facciata l'architetto Bruni si ispirò alle caratteristiche architettoniche del Palazzo del Magistrato che sorgeva in precedenza nello stesso luogo, ma il risultato inizialmente non piacque ai triestini, che coniarono per l'edificio alcuni soprannomi, tra cui «palazzo Cheba», per il suo ricordare una grande gabbia per uccelli (il termine in realtà era utilizzato nella Repubblica di Venezia per definire un particolare tipo di tortura, e poi, secondo alcune fonti, ha finito per indicare una generica gabbia per animali), e «palazzo Sipario», perché la sua grandezza oscurava a chi si trovava sulla piazza gli edifici della città vecchia alle sue spalle.

delle ore. Le due sculture furono volute da Bruni in ricordo delle figure che segnalavano il passare del tempo in cima alla vecchia torre del Mandracchio o torre dell'orologio, un tempo porta di accesso al porto, demolita nel 1838. Le statue originali furono realizzate in bronzo dallo scultore Fausto Asteo da Ceneda e installate in cima alla torre nel 1876. Nel 1972, tuttavia, sono state rimosse e sostituite con due copie per evitare il danneggiamento; le originali sono state restaurate e collocate nel Castello di San Giusto.

E poi Palazzo Stratti, una straordinaria architettura neoclassica, oggi sede delle Assicurazioni Generali, alle quali è dovuto il nome attuale. Uno dei dettagli più particolari della sua facciata è il gruppo scultoreo collocato in cima al corpo centrale e realizzato dallo scultore veneto Luigi Zandomeneghi. Esso la dice lunga su una città che si dedica ai commerci, all'industria, alle assicurazioni: al centro c'è una figura femminile che impersona Trieste, circondata dalle allegorie della Fortuna e del mondo antico da una parte e del Progresso e quindi del mondo moderno dall'altra. Sulla sinistra sono infatti rappresentate la pittura, la musica, l'architettura e la cultura/saggezza in generale – sotto forma, rispettivamente, di tavolozza, cetra, capitello corinzio e parte di colonna, busto classico e civetta di Atene. A destra, invece, la modernità: una locomotiva simile a quella che George Stephenson aveva fornito all'Austria nel 1837, con l'augurio di realizzare una linea ferroviaria che collegasse Trieste e Vienna, una ruota dentata, un'ancora, una pinza, incudine e martello, a simboleggiare il lavoro industriale.

Il Palazzo del Lloyd Triestino viene invece progettato e costruito tra il 1880 e il 1883 dall'architetto austriaco Heinrich von Ferstel per la compagnia di navigazione nata nel 1836 sotto l'impero asburgico. Nonostante l'edificio sia ottocentesco, la facciata è di ispirazione rinascimentale, come dimostrano le fontane allegoriche presenti al piano terra in due nicchie, rappresentanti Teti e Venere, due figure mitologiche legate all'acqua. In origine, dalla statua della prima sgorgava acqua dolce, mentre dalla seconda acqua di mare, prelevata dall'Adriatico tramite un moderno sistema di pompaggio.

› Dettaglio della Torre dell'orologio sulla facciata del Palazzo del Municipio, Trieste.

Quando i continenti erano solo quattro

A metà del Settecento i continenti conosciuti erano solo quattro: mancavano ancora all'appello degli esploratori l'Oceania e l'Antartide. Per questo motivo, quando lo scultore bergamasco Giovanni Battista Mazzoleni, attivo soprattutto a Venezia e Gorizia, viene incaricato di realizzare una fontana per l'attuale piazza Unità d'Italia, egli, per rappresentare il mondo, fa soltanto quattro statue, allegorie di Africa, America, Asia ed Europa. Nasce così la Fontana dei Quattro Continenti, una sorgente che attinge al nuovo acquedotto voluto dall'imperatrice Maria Teresa d'Austria nel 1751. Altre quattro figure, da cui sgorga l'acqua, rappresentano invece i fiumi, mentre sotto di loro fuoriesce dalle bocche di delfini, giungendo infine in grandi vasche curve e piane. In cima alla fontana c'è l'Angelo della Fama con le ali spiegate, che sovrasta la giovane figura di Trieste, sdraiata sulle rocce del Carso, circondata da fardelli, botti, balle di cotone e corde – simbolo della fiorente attività commerciale della città –, e intenta a rivolgersi a un mercante in abiti orientali. L'aspetto rozzo della fontana, che si ispira a quella del Parnaso realizzata da Fischer von Erlach per la città ceca di Brno, fu molto criticato in tutte le epoche, ma questo monumento è emblema di come Trieste si mostra al mondo: una città potente, investita dai favori della fortuna, commerciale e spiccatamente internazionale.

Altro elemento spiccatamente rinascimentale è il gruppo scultoreo che decora la cima dell'edificio. Al centro due figure femminili accanto a uno scudo che rappresentano le Vittorie Alate: una solleva un ramo di quercia, simbolo di forza, ed è accompagnata da un putto che rappresenta il lavoro, mentre l'altra alza una corona d'alloro, allegoria della gloria, ed è affiancata da un putto in barca, che ricorda il mare. Le quattro statue distribuite ai lati raffigurano invece Eolo, dio dei venti, Mercurio, dio protettore del commercio, Vulcano,

› Dettaglio dei gruppi scultorei del Palazzo del Lloyd Triestino, Trieste.

dio del fuoco e della lavorazione dei metalli, e Poseidone, dio dei mari. Ma le sculture «a tema marittimo» non finiscono qui: nella facciata che dà sul mare ci sono Leucotea, protettrice dei naufragi, che porta in braccio suo figlio Palemone, dio dei porti, e Urania, patrona della navigazione e dei naviganti. Il palazzo, a pianta quadrata con corte interna, ha un piano terra, un piano ammezzato e due piani superiori. Il piano terra presenta due grandi corridoi delimitati da un massiccio colonnato in marmo veronese, che uniscono i quattro ingressi delle altrettante facciate. La stupenda scalinata in pietra del Carso con vetrata conduce al primo piano, in particolare allo spettacolare salone asburgico, dove un tempo venivano appesi i ritratti dei regnanti del momento. Tutte le sale dell'edificio sono finemente decorate con stucchi a motivi marini e quadri di pittori triestini, sempre legati alle vicende delle diverse flotte della compagnia Lloyd.

Storia di un uomo e della sua città

Durante la Restaurazione dei primi due decenni dell'Ottocento, l'impero austriaco governa su tutto l'Adriatico. Il mondo *kaiserlich und königlich* (*k.u.k.*), «imperiale e regio», era già iniziato nel 1717, quando Trieste era stata dichiarata porto franco dell'Austria, ma ha il suo periodo di massimo splendore a seguito della decadenza di Venezia nel XIX secolo. La Serenissima, infatti, era stata ceduta da Napoleone all'Austria con il Trattato di Campoformido nel 1797 e proprio nell'Ottocento la regione veneta fu unita con il vecchio Ducato di Milano a formare il Regno Lombardo-Veneto, diretto subalterno asburgico. Era la fine definitiva della plurisecolare Repubblica di Venezia.

A seguito di questi cambiamenti sul piano geografico-politico il porto triestino ha un nuovo destino: la città inizia infatti a commerciare con tutto il Lombardo-Veneto prima, poi con l'Austria, con i Paesi oggi slavi e infine con il mondo intero. Trieste diventa una sorta di Philadelphia del Mediterraneo, dove tutti approdano, cresce la popolazione e in poco tempo la realtà cambia in modo radicale. Cresce e si trasforma rapidamente una borghesia finanziaria, attaccata alle cambiali, che diventa presto molto cosciente di se stessa, del suo potere e dei suoi privilegi.

Il *boom* triestino si basa soprattutto su quattro elementi: la fine dell'indipendenza veneziana, la tendenza alla modernità e un approccio attento alle novità in campo tecnologico, soprattutto per quanto riguarda la navigazione a vapore (che risale al 1818), e infine una tensione alla produttività e alla tempestività per rilanciare gli affari locali, su modello inglese.
Il capitalismo triestino si organizza e struttura intorno a nuove forme societarie, come il Lloyd Triestino, le Assicurazioni Generali e la RAS (Riunione Adriatica di Sicurtà, un'altra compagnia assicurativa), fondate tutte negli anni Trenta dell'Ottocento e ben presto rese floride dall'arrivo di nuovo capitale umano. La città si fa ben presto crocevia dell'intraprendenza dei singoli e di forti legami commerciali di più antica tradizione, cui si aggiungono competenze imprenditoriali, amministrative e gestionali di nuovi personaggi, che nel lungo periodo si dimostrano abili nel mercato commerciale e finanziario.

La storia di questa interessante crescita della borghesia triestina e in generale della città va in parallelo con la storia di un uomo: Pasquale Revoltella (1795-1869). Nato a Venezia in una famiglia modesta, si trasferisce a Trieste da giovanissimo per cercar fortuna. Prende così l'avvio la nuova vita di un *self-made man* che diventa banchiere e poi barone, ottenendo un successo clamoroso. A Trieste, infatti, svolge una serie di incarichi e professioni che lo trasformano, in pochissimo tempo e complice anche la sua intraprendenza, da semplice garzone d'ufficio a uno dei protagonisti più affermati nel campo dell'importazione di legname, nelle assicurazioni (è uno dei primi azionisti delle Generali), nell'industria (entra nel consiglio d'amministrazione del Lloyd Triestino) e più in generale nella finanza internazionale. Fondamentale è il suo ruolo e il suo impegno per l'apertura del Canale di Suez, evento che avrebbe avuto una risonanza determinante per lo sviluppo economico e commerciale triestino. Nel 1858 Revoltella si reca infatti a Parigi per trattare con Ferdinand de Lesseps, promotore ed esecutore del progetto, la disponibilità di Trieste a partecipare alla grande impresa. L'anno dopo il francese va a Trieste e incontra i rappresentanti della città nei saloni del palazzo di Revoltella, insieme all'arciduca Massimiliano d'Asburgo, governatore del Lombardo-Veneto e fratello minore dell'imperatore. Grazie al suo attivismo Revoltella viene nominato vicepresidente della Compagnia universale del Canale di Suez e nel 1861 compie un lungo viaggio in Egitto per visitare la zona dei lavori. Ancora oggi, nella sua biblioteca, si conservano i ricordi e il suo diario di quel viaggio incredibile.

Nonostante le accuse di illeciti finanziari nel 1860 da parte delle autorità austriache, egli viene scagionato e, sette anni dopo, riceve dall'imperatore Francesco Giuseppe il titolo di barone.

Fortemente legato alla sua città d'adozione, Revoltella investe molte delle sue ricchezze in iniziative filantropiche e pedagogiche: nel 1850 fonda una scuola di disegno, nel 1853 dona un altare alla Chiesa di Santa Maria Maggiore, nel 1857 promuove la costruzione del Ferdinandeo, un edificio monumentale dedicato all'arciduca fratello dell'imperatore, e del Teatro Armonia. Tra il 1854 e il 1858 fa costruire per sé due nuove residenze – un sontuoso palazzo in città all'altezza del suo nuovo rango e uno chalet alla maniera svizzera in collina. Quando inaugura il suo palazzo cittadino, nel 1859, fra gli ospiti ci sono Ferdinand de Lesseps e Massimiliano d'Asburgo.

Il barone Pasquale Revoltella muore celibe dopo una lunga malattia l'8 settembre 1869, lasciando quasi tutte le sue ricchezze alla città di Trieste, che lo aveva accolto quando era piccolino e gli aveva permesso di crescere. In particolare, egli dispone, nel testamento, che il suo palazzo, la sua collezione d'arte e una considerevole somma di denaro vengano messi al servizio cittadino. È così che nasce il Museo Revoltella, oggi anche galleria d'arte moderna.
Quando Trieste inizia a manifestare il desiderio di entrare a far parte del Regno d'Italia, dopo circa cinquecento anni trascorsi sotto il dominio asburgico, questo anelito penetra anche nelle scelte della collezione: ecco quindi che il museo inizia ad acquistare opere di pittori italiani – tra cui Edoardo Dalbono, per esempio, con la sua *Festa a mare* (1891) –, che per i triestini dell'epoca rappresentano un'Italia *felix* lontana e vietata, a cui aspirare. D'altro canto, però, per soddisfare l'altra parte di opinione pubblica che non vuole essere italiana si comprano artisti germanici ma non austriaci: tedeschi o, meglio ancora, più nordici, come il norvegese Carl Frithjof Smith, del quale è conservato il dipinto *Dopo la prima comunione* (1892).
Quando l'Ottocento volge alla fine, la raccolta guarda con attenzione al decadentismo internazionale, dove Parigi *docet*, con l'erotismo di Franz von

› *Il giorno sveglia la notte*, olio su tela di Gaetano Previati, 1905 circa, Museo Revoltella, Trieste.

Stuck, mentre le citazioni spagnole di bordelli d'ogni genere anticipano già lo spirito di Pablo Picasso (come ne *La schiava* di Gonzalo Bilbao y Martinez). Ovviamente non può mancare il tocco italiano: ecco quindi che viene comprato il capolavoro di Gaetano Previati, il dipinto che piace così tanto a Giorgio De Chirico e a Umberto Boccioni: *Il giorno sveglia la notte* (1905 circa).
Quando Trieste viene annessa all'Italia inizia una nuova fase per il Museo Revoltella, in cui si acquistano capolavori come *Il Meriggio* (1923) dipinto da Felice Casorati, ma si mantiene l'attenzione per la cultura locale, quella che entra nello *spleen* (come il *Ritratto di fanciulla* di Pietro Marussig, del 1932).

Nel corso degli anni il Comune ha progressivamente investito per incrementare la raccolta, acquisendo altre opere novecentesche, con l'intento di ampliare e riordinare gli spazi espositivi. Il progetto di ristrutturazione del palazzo, a cui si era aggiunto l'attiguo Palazzo Brunner, viene affidato a Carlo Scarpa negli anni Sessanta del XX secolo.
Nella dimora del barone si ritrova lo stesso stucco mantovano, detto marmorino, dell'Ermitage di San Pietroburgo, e lo stesso senso di teatralità pubblica: l'area per la vita sociale è infatti lussuosa e sontuosa, diversamente da quella destinata alla vita privata, più modesta e raccolta. Nello scalone elicoidale che collega i tre piani di cui è composto l'edificio si trova, inciso nella pietra, il motto di Revoltella, che sembra adatto a tutta la borghesia del XIX secolo: «Onore, riflessione, intraprendenza, perseveranza». Il segreto del (suo) successo.
Le sale a piano terra ospitano la collezione del barone e altre opere acquisite nel tempo dal museo: una serie di vedute di Trieste del decennio 1850-1860 (corrispondente al periodo della massima ascesa di Revoltella), litografie e acquerelli sulla costruzione del palazzo, un busto in gesso raffigurante il barone realizzato da Pietro Magni, alcuni pezzi di scultura neoclassica e molti quadri storici dipinti da artisti triestini quali Cesare Dell'Acqua, Giuseppe e Augusto Tominz, Francesco Beda. Di Dell'Acqua sono emblematiche le tele su *La proclamazione del Porto Franco di Trieste* (1855) e *La dedizione di Trieste all'Austria* (1856), due degli episodi fondamentali nella storia della città.
La società cosmopolita, ricca e imprenditoriale viene rappresentata soprattutto da Giuseppe Tominz, in una serie di ritratti individuali e di gruppo. Dell'artista triestino, tuttavia, il museo custodisce anche un'opera fortemente ironica, ovvero un suo autoritratto elegante sopra ma con le braghe abbassate, allegro e scurrile, con in mano i testi della tradizione strappati e pronti a un uso... *più primario*.

Al primo piano del museo si trova l'appartamento privato del barone, uno spazio lussuosamente decorato con gruppi scultorei allegorici, sontuosi mobili dorati, ripiani in alabastro, finti marmi a rivestimento delle pareti, specchi convessi che restituiscono immagini deformate, lampadari orientaleggianti, e vari dipinti. La parte più pomposa di questo ambiente è lo studio-ufficio, dominato da una imponente scrivania in mogano e da una poltrona in cuoio,

› *Ritratto di Valentino Valle con la figlia*, olio su tela di Giuseppe Tominz, 1830 circa, Museo Revoltella, Trieste.

e, alle pareti, una serie di quadri con elementi significativi della vita del ricco borghese, come il dipinto di Alberto Rieger (1864) raffigurante il Canale di Suez in costruzione, o quello della sua villa in campagna. E ancora, ovviamente, un suo ritratto e un altro, sempre di Tominz, di Alessandro Goracuchi, medico che accompagnò Revoltella negli ultimi anni della sua lunga malattia. Il secondo piano, ancora più sfarzoso, era il vero piano pubblico, quello destinato alle feste. Il vestibolo, che si apre sul piano sottostante, è caratterizzato da quattro grandi statue in marmo che rappresentano le stagioni.

La prima sala a destra era destinata ai pranzi di gala. Occupata da un grande tavolo con trentasei posti, come in una reggia principesca, è rivestita in stucco bianco con finiture dorate, che nella parte alta formano un motivo a tema caccia. L'ambiente ospita anche un camino in marmo decorato da piccole statue e sovrastato da un ampio specchio in cui si riflette la luce di tre grandi lampadari di cristallo di Boemia con bracci a motivi floreali.
Poi c'è il cosiddetto «salotto azzurro», con un *Ritratto dell'arciduca Massimiliano* (eseguito nel 1868 da Augusto Tominz, un anno dopo la fucilazione dello sfortunato nobile in Messico) e arredato con mobili in legno scuro e un lampadario. In un angolo della stanza una stufa in maiolica bianca richiama lo stile degli interni delle dimore austriache. Un'altra saletta è tappezzata di rosso e propone un curioso dettaglio che si ritrova anche in uno degli ambienti del primo piano, ovvero un piccolo visore che permette di osservare, non visti, l'esterno del palazzo.

Al centro del secondo piano si apre la sala da ballo, rivestita in finto marmo verde e rosso e con il soffitto ornato da un ciclo pittorico sul tema Arti e mestieri, anche questo realizzato da Augusto Tominz nel 1859. Segue il «gabinetto degli specchi», un'altra saletta d'angolo, decorata con quattro statue allegoriche, rappresentanti il Canto, la Danza, la Commedia e l'Armonia, di Pietro Magni, e poi il «salotto giallo», piccolo luogo destinato alla conversazione, con mobili di legno scuro pregiato, due grandi specchiere, e il *Busto di Pasquale Revoltella* (1859) sempre di Magni. Infine, il secondo piano si chiude con un piccolo gioiello: la «saletta a cupola», un ambiente dalle pareti dipinte in rosso pompeiano e la copertura a motivi naturalistici. Originariamente, dalle fontanelle bronzee

› Dettaglio di Palazzo Carciotti, Trieste.

realizzate nelle nicchie zampillava l'acqua. Al centro della sala c'è una delle prime opere di scultura entrate nella collezione di Revoltella: *Fedeltà* (1846), gruppo allegorico firmato da Giovanni Simkovits.

Palazzi di commercianti e spie

Tra le dimore triestine di epoca ottocentesca spicca Palazzo Carciotti, voluto dal commerciante di panni greco Demetrio Carciotti, che si era trasferito a Trieste nel 1775. I lavori vengono portati avanti dall'architetto austriaco Matteo Pertsch, e l'edificio viene inaugurato nel 1805.
La facciata principale ha uno zoccolo a bugnato bianco e al centro sei colonne scanalate di ordine gigante con capitello ionico, che raccordano i due piani superiori e terminano con una balaustra con sei statue, raffiguranti Portenus, guardiano del porto romano, Thyke, protettrice dei negozianti e naviganti,

Atena, paladina della tessitura, la Fama, cioè colei che dà buone e cattive notizie, Apollo, dio dell'armonia e dell'ordine, e infine Abundantia, che richiama la ricchezza del committente.
Il palazzo si chiude con una cupola appoggiata su un tamburo, dotata di una calotta emisferica ricoperta di rame e sormontata dall'aquila napoleonica.
L'unico dettaglio che differenzia la facciata posteriore da quella principale è che sulla balaustra sono collocate solo quattro statue e due anfore. Le sculture sono realizzate da Antonio Bosa e da Bartolomeo Augustini. Del primo artista sono anche le statue di Ercole e Minerva poste all'ingresso, databili al 1804 circa. Secondo alcuni critici queste due maestose e solenni figure rappresenterebbero i simboli della protezione della casa.
Il piano nobile è caratterizzato in particolare da un'elegantissima sala rotonda in stile Impero, con sedici colonne, una serie di delicati bassorilievi sovrapporta a tema mitologico e omerico, sempre realizzati da Antonio Bosa, e alcuni dipinti di Giuseppe Bernardino Bison e, sembrerebbe, un certo Scala, autore della *Gloria sul carro dell'Aurora* del tondo centrale, l'unica opera colorata. Nelle vele della cupola sono ritratte scene dall'*Iliade*. La cupola, uno degli aspetti più curiosi del palazzo, nel corso del tempo ospitò gli studi di alcuni pittori.

Nel 1818 Demetrio Carciotti inserisce una clausola al testamento legato alle sue proprietà: che esse fossero tramandate esclusivamente agli eredi diretti maschi. Una volta estinta la sua discendenza maschile, il palazzo sarebbe quindi passato al demanio dello Stato, com'è ancora oggi.

Mosca a Trieste

Lungo il viale che conduce al Castello di Miramare, accanto agli eleganti palazzi degli aristocratici di un tempo, c'è una casa più particolare delle altre. I triestini la chiamano «Casa dele zivòle», cioè «Casa delle cipolle», poiché è caratterizzata da alcune cupole a cipolla dorate ricoperte in rame. Una dimora molto diversa da quelle di impronta asburgica: facciata dai colori pastello, finestre di ispirazione veneziana, decorazioni tipicamente russe.
Questa curiosa abitazione viene fatta costruire alla fine dell'Ottocento da Anton Jakič, un ex pope ortodosso dalmata che, secondo alcune leggende, aveva lasciato il sacerdozio per diventare spia per conto dello zar o, secondo altre, per seguire un'amante russa, forse colei che gli diede i soldi per edificare la casa triestina salvo poi lasciarlo perché non soddisfatta dell'opera. Ufficialmente l'uomo era direttore della rivista «Pensiero Slavo» e sosteneva l'unità culturale di tutti i popoli slavi auspicando la liberazione dalle influenze straniere. A causa della censura da parte dello Stato asburgico, nel 1895 Jakič si trasferisce a Trieste, alla ricerca di un luogo tollerante e aperto.
Questa eccentrica villa progettata dallo scultore e architetto Ivan Rendič, con cupole dell'artigiano Francesco Gasperini e interni decorati con motivi geometrici, floreali, figure allegoriche e omaggi alla Russia dal pittore spalatino Paško Vučetić, viene abitata dal suo committente solo dal 1899 al 1904, quando a causa dei debiti è costretto a svenderla. Nonostante vari cambi di proprietari, Casa Jakič – questo il suo vero nome – rimane inalterata nel suo aspetto, emanando ancora ai nostri giorni il suo fascino russo.

› Casa Jakič, Trieste.

Un castello per l'arciduca

Il Castello di Miramare, l'elegante edificio color avorio sul promontorio di Grignano, è la cartolina ufficiale della città di Trieste, ed è un curioso progetto architettonico che ricorda un po' l'Orangerie berlinese e contemporaneamente gli allestimenti dell'Isola Borromeo sul Lago Maggiore. C'è qualcosa di lacustre, di nordico e di mediterraneo insieme. Però in fondo, più che un castello, è una specie di Grand Hotel per un unico cliente, il committente Massimiliano d'Asburgo-Lorena, arciduca d'Austria e poi imperatore del Messico, che lo fa costruire all'architetto-ingegnere viennese Carl Junker tra il 1856 e il 1860 come dimora per sé e la consorte, Carlotta del Belgio.
L'arciduca desiderava infatti una residenza consona al proprio prestigio sociale, che fosse affacciata sul mare e circondata da un ampio giardino. Il promontorio di Grignano, uno sperone carsico a dirupo sull'Adriatico e quasi privo di vegetazione, affascina Massimiliano, perché impervio e dalla bellezza misteriosa e affascinante, e lo sfida. Il progetto è infatti sicuramente denso di difficoltà, ma il risultato finale è degno delle fatiche condotte per anni da Junker e dalla sua squadra: una dimora lussuosa dallo stile eclettico tipico della moda dell'epoca – un po' di gotico, un po' di Medioevo, un po' di Rinascimento – perfettamente inserita in un lussureggiante parco. Ecco, quindi, che l'architettura dialoga e si mesce con la natura, in un gioco di profumi e di sguardi, dove il bianco delle mura si confonde con il verde delle varie specie botaniche e con il blu del mare, grande passione dell'arciduca, ripreso anche nel ceruleo delle tappezzerie del piano terra del castello.
Gli interni del Miramare sono realizzati dagli artigiani Franz e Julius Hofmann (quest'ultimo seguirà l'arciduca anche in Messico). Il piano terra è destinato agli appartamenti privati di Massimiliano e Carlotta, e dunque ha un aspetto molto intimo e famigliare, mentre il primo piano è quello di rappresentanza, riservato agli ospiti, e di conseguenza è sontuoso, con ornamenti quali preziosi stemmi e tappezzerie sui toni del rosso con simboli imperiali. Tra gli ambienti più cari a Massimiliano c'è sicuramente la biblioteca, spazio nel quale passa gran parte del suo tempo, in mezzo ai miti del suo mondo, a

› Dettaglio di una fontana nel Castello di Miramare, Trieste.

Goethe, a Dante, a Shakespeare e a Omero. E come sempre, i libri rivelano il vero carattere profondo del proprietario: il *Vocabolario del Geografo*; la *History of the Navy of the United States* di James Cooper; *Les Marins Illustres de la France* di Léon Guérin; e il più significativo di tutti, il *Dizionario telegrafico della kaiserliche und königliche Kriegsmarine*, la forza navale dell'impero austro-ungarico. La biblioteca dà sulla sala forse più intima della casa, una stanza bassa con decorazioni e arredamenti lignei che riproduce perfettamente il quadrato (lo spazio principe degli interni di una barca) dell'ammiraglia della flotta imperiale, la *Novara*. Anche qui le finestre, come su un'imbarcazione,

Passione naturalistica

Il Parco di Miramare è il bellissimo risultato dell'impegnativo studio condotto per anni su un terreno desolato dall'arciduca, dall'architetto, ma anche da due giardinieri, Josef Laube e Anton Jelinek. Un esperimento riuscito di rimboschimento e di acclimatazione di diverse specie botaniche, anche rare, che rispecchia la passione personale di Massimiliano per la natura, tipica della sua epoca. Il progetto ha previsto l'importazione di grossi quantitativi di terreno dalla Stiria e dalla Carinzia, mentre esperti vivaisti del Lombardo-Veneto procurano una ricca molteplicità di erbe e arbusti, moltissimi dei quali di origine extraeuropea. I lavori, iniziati nella primavera del 1856, sono seguiti costantemente dall'arciduca, che non smetterà di interessarsi al suo giardino neanche quando si trasferirà in Messico, da dove farà arrivare numerose altre piante. La zona est del parco assomiglia a un bosco – con alberi che si alternano a spazi erbosi e sentieri tortuosi – e allo stesso tempo ripropone il modello romantico del giardino inglese, con gazebo e laghetti artificiali. La parte a sud-ovest, protetta dal vento, accoglie invece spazi dalle geometrie precise, come aiuole e un giardino all'italiana davanti al padiglione del Kaffeehaus.

› Sala dei regnanti con il letto della duchessa Du Barry (dono di Napoleone III), Castello di Miramare, Trieste.

guardano il mare e una porticina conduce a una piccola cabina, il vero luogo di riposo dell'arciduca, con un letto modesto e un delizioso bagnetto in marmo dotato di vasca, lavandino e un tenerissimo vaso da notte antirollio, come se fosse in mare davvero.
Massimiliano ha avuto l'opportunità di abitare solo al primo piano del palazzo, perché il secondo, cui si accede salendo una bella scalinata con tanto di fontana nel mezzo, è stato ultimato quando lui era già in Messico. Ma è una testimonianza fantastica del sapore dell'epoca, con un gusto che sarebbe sbagliato definire solo *kitsch*: qui stanno nascendo alcune soluzioni di arredamento totalmente innovative. Il piano superiore del Castello di Miramare sembra adattarsi più alla montagna e alla caccia che alla costa: ovunque sono appese decorazioni lignee quali frecce, archi, teste di animali. E abbonda di tutto, armature comprese: sembra di essere nel *Quarto potere* di Orson Welles. Nella sala del trono, dal soffitto altissimo e tappezzata di rosso, il trono è curiosamente una sorta di panchina, e oltre al ritratto del padrone di casa ci sono alcuni mobili decorati con fiori e scenette bucoliche, come se l'Austria volesse essere un po' romana.
Questo piano più pubblico e lussuoso rivela una serie di dettagli che commuovono, perché sono lezioni di arredo straordinarie, come la tenda della finestra, che deve necessariamente toccare terra perché solo così funziona da filtro termico, e i ritratti del re d'Italia Vittorio Emanuele e del pontefice regnante, Pio IX, l'ultimo papa re. Quest'ultimo, tra l'altro, aveva fatto agli sposi un regalo di grande pregio: un curioso tavolino con un piccolo mosaico romano, su cui Massimiliano firmò la sua drammatica condanna a morte, ovvero l'accettazione del trono del Messico, dove morirà fucilato. E poi, alle pareti, ritratti dei parenti, come Francesco Giuseppe da giovane e Sissi, bellissima e piena di ansia.

Sorniona, in cima al porticciolo del Castello di Miramare, distesa in posa felina c'è una sfinge in quarzo rosa di epoca tolemaica (III secolo a.C.). La misteriosa figura guarda lontano, scruta le onde, sembra aspettare l'arrivo o, forse, il ritorno di qualcuno. Nell'antico Egitto le statue delle sfingi, esseri dal corpo di leone e la testa umana, erano poste vicino alle tombe dei faraoni, per proteggerli e seguirli nella vita nell'aldilà. Quella del Miramare è il pezzo più

› Uno dei giardini del Castello di Miramare, Trieste.

prezioso della collezione dell'arciduca, che volle posizionarla sul molo per far sì che gli ospiti vedessero lei come prima cosa prima di attraccare.
Con molta probabilità è proprio da questo porticciolo che Massimiliano d'Asburgo parte per l'ultimo viaggio della sua vita, quello che lo porta, nel 1864 sul trono del Messico, come imperatore. Qui verrà fucilato dalla fazione repubblicana il 19 giugno 1867, dopo intensi anni di guerra civile.

CAPITOLO 6

Genova

Perla del Mediterraneo

Una città appassionata di bellezza

Potenza commerciale e marittima, arricchitasi con le crociate, rivale di Pisa e di Venezia, oltre che di francesi, catalani, saraceni, città natale di dogi ed esploratori, marinai e finanzieri, sede di una delle prime banche d'Europa nonché cantiere di sperimentazione per architetti e urbanisti, la Superba riversa la sua immane ricchezza in strade e dimore che ne testimoniano ancora oggi la storia gloriosa. I più lussuosi tra i suoi palazzi – iscritti negli elenchi, detti i «Rolli», che li obbligano a mettersi a disposizione delle esigenze diplomatiche della città – ospitano quadri preziosi e sontuosi arredi, decorazioni e affreschi, arazzi e stucchi, e vantano scaloni, cortili, meravigliosi giardini. Perfino Pieter Paul Rubens se ne innamora, riproducendone facciate, piante e prospetti in una ormai classica antologia pubblicata ad Anversa nel 1622 e intitolata *Palazzi di Genova*. Grandiosa, ricca, mercantile, nobile, Genova è anche appassionata di bellezza. Nel loro essere commercianti e lupi di mare, ambasciatori e imprenditori, gli aristocratici genovesi – i Balbi, i Doria, gli Imperiale, gli Spinola – amano l'arte in tutte le sue espressioni e commissionano opere ai maggiori talenti locali e internazionali. Nelle loro raccolte campeggiano le tele di Caravaggio e Tiziano, Guido Reni e Antoon van Dyck, Orazio e Artemisia Gentileschi, per non parlare dei capolavori della scuola barocca genovese, firmati da Domenico Fiasella, Bernardo Strozzi, il Grechetto. Uniti dal gusto – e dal potere – di questa città che è stata chiamata per secoli ha dominato il mare, e non solo.

Tra commercio e ricchezze, potere e rivalità

La Superba, la Dominante dei mari, la Repubblica dei Magnifici: così è stata soprannominata, per oltre otto secoli, la città di Genova, imponente, grandiosa, ricca, mercantile, aristocratica. È curioso il suo passato, un'epopea di guerre e

› Galleria degli Specchi, Palazzo Spinola, Genova.

di confronti, la storia di un'oligarchia costituita da una nobiltà diventata commerciale già nel XII secolo. Queste ricche famiglie locali – come i Doria o gli Spinola – sono prive di grilli cavallereschi. Ognuna è padrona assoluta sulla propria nave, quindi pronta a litigare contro le altre per il potere domestico in città, ma anche ad allearsi per imporre il marchio genovese nei mari del mondo. Insieme, infatti, raggiungono uno dei più alti tassi di rissosità in Europa e spesso anche tra i più sanguinari. Genova fu una Repubblica potentissima e in alcuni momenti ricca come nessun'altra, avendo come unico vero centro di stabilità la Casa delle compere e dei banchi di San Giorgio (che a cavallo tra fine Settecento e inizio Ottocento si trasformò nel Banco di San Giorgio), la prima banca genovese, nonché una delle prime banche di deposito e prestito d'Europa. Il che giustifica tutte le dicerie sullo stretto rapporto fra genovesi e genovini, cioè i loro denari, più precisamente le monete d'oro emesse tra il 1252 e il 1414.

› Facciata di Palazzo San Giorgio, Genova.

Nacque sempre a Genova una specie di società per azioni, la maona, e la prima linea marittima verso Southampton, nel 1270. Una Repubblica, quindi, durata oltre sette secoli, finché non fu abolita nel 1796 dal generale Bonaparte.
La storia genovese si fonda su un impero coloniale che si estendeva in tutto il Mar Mediterraneo occidentale e il Mar Nero, e riusciva a tenere testa a ben tre imperi: quello svevo, quello bizantino e quello asburgico. Genova entra nell'«adolescenza» della sua vita quando scopre di essere il vettore ideale per i pellegrini prima, e per i crociati poi, diretti in Terrasanta, e quando capisce quanto ci può guadagnare. Diventa la grande concorrente di Pisa nel tentativo di dominare il Tirreno, Corsica, Sardegna e Sicilia comprese; inoltre si mantiene sempre guardinga nei confronti degli altri poteri che si affacciano sullo stesso mare, cioè i francesi e i catalani; e mantiene attive le lotte interne delle famiglie: i Doria contro i Fieschi, contro gli Spinola, contro i Grimaldi e così via.
Il 1284 vede Genova la Superba contro Pisa la Dominante: la più grande battaglia navale del Medioevo avviene a Meloria, davanti alla città toscana. Oberto Doria, capitano del popolo genovese, travolge i pisani comandati dal podestà veneziano Alberto Morosini. Sopravvivono solo le galee prudenti del conte Ugolino della Gherardesca, che i pisani considerano codardo e condannano a morte.
L'ostilità tra Repubbliche marinare a fine Duecento si declina anche nel conflitto con la Serenissima, con la quale Genova si contende il Mediterraneo orientale. Nel 1298 lo scudo crociato rosso su fondo bianco di Genova si scontra con il Leone di Venezia. Seconda vittoria in mare per i genovesi, questa volta a Curzola, l'isola natale di Marco Polo. L'esploratore finisce in questa occasione nelle prigioni genovesi di Malapaga, dove detta a un prigioniero pisano, Rustichello da Pisa, ciò che è diventato poi *Il Milione*.
Dopo quasi ottant'anni di pace, tra il 1379 e il 1381 Genova tenta di conquistare le zone della laguna veneziana, assedia Chioggia, e vi rimane alcuni anni. Non riesce a battere la Serenissima, ed è costretta a rinunciare ad alcuni possedimenti conquistati, ma mantiene il potere su Cipro e sulle rotte orientali. Questo è l'ultimo scontro fra le due potenze marittime.
Alla fine del Trecento inizia il declino della Repubblica marinara: scoppia la rivolta popolare contro il dominio nobiliare. Nuovi ricchi vengono alla ribalta, come i Guarco, i Montaldo, gli Adorno, i Fregoso, destinati ben presto a diventare la nuova classe dominante. Inizia l'era dei dogi, il primo dei quali,

eletto all'unanimità, è Simon Boccanegra. Si copia l'istituzione veneziana, ma non la sua stabilità: i nuovi padroni, infatti, saranno sempre in lite fra loro, soprattutto gli Adorno e i Fregoso.

Nel Quattrocento la Casa delle compere e dei banchi di San Giorgio continua a crescere, la Repubblica si barcamena fra impero, Spagna, Francia e Stati d'Italia, poi dà i natali a Cristoforo Colombo e diviene il principale vettore tecnico e finanziario dell'oro che arriva dall'America appena scoperta. In poco tempo si ritrova di nuovo ricchissima.

Poi entra in scena un Doria, Andrea, grande capitano di mare. Con lui, a partire dal 1528, si consolida una repubblica aristocratica. I membri del governo vengono scelti fra i maggiorenti della città, necessariamente iscritti a un Albergo dei nobili. Il doge viene nominato per due anni, assistito da dodici senatori e otto procuratori. Un'oligarchia plutocratica e abbastanza congelata. Le ambizioni di dominio progressivamente scompaiono, e alla voglia di potenza succede la più raffinata delle diplomazie.

Nemici in mare, uniti nella pietra

A poche miglia da Genova, raggiungibile solo via mare, c'è un piccolo scrigno delle meraviglie testimone di quei vivaci anni del Duecento: l'Abbazia di San Fruttuoso. L'edificio, incastonato in una piccola insenatura protetta da una torre cinquecentesca, fu in realtà eretto nell'VIII secolo d.C. e poi ricostruito nel X secolo come monastero benedettino. Curiosa è la scelta dei materiali di edificazione, molti sono infatti di recupero, un mix di tutto ciò che il Mediterraneo poteva produrre. La fase architettonica successiva è gotica, come si può osservare nelle bellissime trifore; alcune parti sono autenticamente locali, come i capitelli che raffigurano polene di navi e il grifone simbolo di Genova, altre sembrano citare misteri orientali e bizantini assolutamente «extracomunitari». Il complesso è stato donato al Fondo Ambiente Italiano dai Doria nel 1983, che lo possedevano da otto secoli. Alla fine del Duecento passò infatti sotto la protezione della ricca famiglia genovese contro un nemico straniero, i saraceni. I Doria costruirono *ex novo* il loggiato a due ordini di trifore e trasferirono qui il sepolcreto famigliare.
Curiosamente, alcuni dei manufatti – come le ceramiche – ritrovati nell'Abbazia di San Fruttuoso sono di origine pisana, l'odiato nemico, il grande concorrente nel Tirreno. La parte commovente sono le tombe dei Doria, dove riposano in pace alcuni fra i più potenti del mare, in uno stile perfettamente trecentesco, fatto di marmo bianco, probabilmente di Carrara, e nero d'ardesia. In questa scelta di materiali, genovesi e pisani, nemici nel mare, sono uniti nella pietra, una appunto proveniente dalla Toscana, e l'altra dalla Superba.

› Veduta dell'Abbazia di San Fruttuoso di Capodimonte, Camogli (Genova).

Una città, molti palazzi

Uno dei momenti di maggior splendore di Genova è il periodo compreso tra Cinquecento e Seicento, definito dagli storici il «secolo d'oro» o il «secolo dei genovesi». Un'epoca gloriosa, nel corso della quale gli abitanti della città marittima godettero di fama europea, in virtù della loro attività di banchieri, delle loro competenze mercantili e commerciali, del loro coraggio di marinai, dell'incredibile capacità di destreggiarsi nel mercato finanziario, gestendo il movimento di ingenti capitali da cui ricavavano interessi altrettanto enormi, gran parte dei quali seppero investire nella realizzazione di edifici.
Genova quindi, per motivi politici, diventa un luogo straordinario di sperimentazione architettonica e urbanistica. È il caso, in particolare, dell'intervento dell'architetto Bernardino Cantoni – e dell'influenza su di lui di Galeazzo Alessi – sulla prima strada italiana fatta solo di palazzi: la Strada Nuova, attuale via Giuseppe Garibaldi, testimonianza emblematica del rapporto stretto tra privato e pubblico e di una cultura degli affari unita a filo doppio anche all'interesse dello Stato. Oltre a questa via – dove sorgono Palazzo Rosso, Palazzo Bianco, Palazzo Lomellino (o Palazzo Podestà) –, anche in altre strade si confrontano, con le loro possenti costruzioni, le famiglie più potenti della città. A regolare la lottizzazione e la gestione di questi palazzi privati c'è una normativa, quella dei «Rolli» (cioè elenchi), voluta da Andrea Doria a partire dal 1576, che obbliga alcuni proprietari a tenere i loro edifici di pregio sempre a disposizione delle necessità diplomatiche della Superba, per ricevere ambasciate, visitatori e potenziali clienti. I vari palazzi sono quindi catalogati in base al loro prestigio, suddivisi in categorie in base alle dimensioni, alla capienza e così via. Molte di queste dimore di lusso condividono caratteristiche architettoniche simili, quali la struttura su più piani, enormi scaloni, cortili e meravigliosi giardini, spesso con giochi d'acqua magici. Gli interni sono un vero e proprio museo: accanto a collezioni d'arte preziose, quadri e sontuosi arredi, si sono conservate fino a oggi moltissime decorazioni originali, in particolar modo affreschi, realizzati da grandi esponenti di Manierismo e Barocco genovese e non, quali Luca Cambiaso, Lazzaro Tavarone, Giovanni

› Scalone di Palazzo Doria-Tursi, Genova.
› Nelle pagine successive: dettaglio di Palazzo Lomellino, Genova.

Battista Castello, Andrea Ansaldo, Domenico Fiasella, Giovanni Battista Carlone, Bernardo Strozzi, Valerio Castello e Domenico Piola.
Tra i Palazzi dei Rolli sono annoverati, per esempio, Palazzo Doria-Spinola (costruito tra il 1541 e il 1543), Palazzo Spinola (del 1593), Palazzo Balbi Senarega (1618-1665), Palazzo Reale o Palazzo Stefano Balbi (1643-1650) e Palazzo Rosso (1671-1677). Il primo è caratterizzato da un cortile rinascimentale a pianta quadrata e con doppio ordine di logge, decorato con stuc-

chi raffiguranti telamoni e maschere femminili, e da interni raffinatamente affrescati da Giovanni e Luca Cambiaso, Aurelio e Felice Calvi, e da Andrea Semino (*Fasti dinastici*, 1593).
Palazzo Spinola, i cui ultimi piani sono oggi spazio museale, viene invece costruito su strutture medievali preesistenti: ha un cortile e si sviluppa su più piani. Il committente, il nobile Francesco Grimaldi, lo lascia in eredità al figlio, il quale convoca il pittore Lazzaro Tavarone per affrescare alcune sale.

A metà del Seicento, però, sommerso dai debiti, è costretto a cedere il palazzo al cognato, Ansaldo Pallavicino, che si occupa di stabilire qui parte della sua preziosa raccolta di quadri, argenti e arredi. Successivamente, il palazzo passa ai Doria e poi agli Spinola. Tra gli spazi più d'effetto c'è la Galleria degli Specchi, un prezioso ambiente rococò – fatto di stucchi bianchi, affreschi e arredi – apice degli interventi decorativi voluti nel Settecento da Maddalena Doria.

Palazzo Balbi Senarega, oggi sede delle facoltà umanistiche dell'Università degli Studi di Genova, nasce negli anni Venti del Seicento ed è caratterizzato in particolare da una meravigliosa decorazione che corre in tutto il secondo piano nobile: un'imponente serie di affreschi di argomento mitologico (l'ispirazione viene prevalentemente dalle *Metamorfosi* di Ovidio) per esaltare, con un parallelismo, le glorie e i successi della famiglia Balbi. Tra gli artisti che qui lavorarono si ricordano Valerio Castello (*Il carro del Tempo*), Giovanni Andrea Carlone, Domenico Piola (che si occupa della Sala con Apollo e le Muse), Gregorio de Ferrari (che affresca la Galleria dei Trionfi d'Amore).

Palazzo Stefano Balbi viene edificato come grande dimora patrizia dall'omonima famiglia e poi dai Durazzo – che lo ampliano tra la fine del Seicento e l'inizio del secolo successivo. Diventa Palazzo Reale nel 1824 quando viene acquistato dai Savoia. La costruzione è uno dei più vasti complessi architettonici sei-settecenteschi genovesi, possiede un gran numero di saloni di rappresentanza decorati da affreschi, stucchi, dipinti, sculture, arredi e suppellettili appartenuti alle famiglie nobili e reali che lo abitarono. Le volte dei salotti e delle gallerie sono affrescate da alcuni dei nomi più importanti della decorazione barocca e rococò. I lavori architettonici vengono affidati nel 1643 a Pier Francesco Cantone, Michele Moncino e Giovanni Angelo Falcone, il cui progetto iniziale si limitava a quello che è oggi il corpo centrale. Per la decorazione delle sale furono chiamati alcuni degli artisti più apprezzati sulla scena genovese, come Giovan Battista Carlone e Valerio Castello, ma anche i bolognesi Angelo Michele Colonna e Agostino Mitelli (questi ultimi, per esempio, affrescarono la Camera del Duca).
Il palazzo cambia proprietario nel 1679, Eugenio Durazzo, che lo ridecora e inizia nuovi lavori, facendo costruire l'ala orientale. Nella prima metà del Settecento l'edificio assume un'articolazione scenografica, grazie all'aggiunta di due scalinate, del grande terrazzo a U e all'ampliamento del cortile d'onore.

Palazzo Rosso viene costruito invece negli anni Settanta del Seicento, su committenza dei fratelli Brignole-Sale e progettato dall'architetto genovese Pietro Antonio Corradi, che realizza un edificio con pianta a U e lo sviluppa su due piani nobili. Ad affrescare gli interni vengono chiamati Domenico Piola e Gregorio de Ferrari, che lavorano anche con quadraturisti e stuccatori. Tra le sale più importanti ci sono quelle dedicate alle stagioni dell'anno, fra i più alti esiti di pittura barocca genovese. L'*Allegoria della Primavera* è un tripudio di putti e fiori, con Venere che seduce Marte sotto gli occhi di Cupido, nell'*Allegoria dell'Estate* Cerere si circonda da un putto che porta

› Interni di Palazzo Spinola, Genova.

spighe di grano e Aura, la ninfa delle brezze, poi ci sono Apollo e il leone, segno zodiacale di luglio. Per la sala dell'*Allegoria dell'Autunno* l'affresco vede un giovane Bacco e un Sileno ebbro, insieme a baccanti, centauri, satiri. Nell'*Allegoria d'Inverno* sono ritratte varie scene di carnevale e di caccia, mentre venti freddi si insinuano tra le figure dipinte.

Villa del Principe, l'origine di tutto

L'uomo-simbolo della Genova cinquecentesca, il principe ammiraglio Andrea Doria, esercita il suo potere e la sua influenza dalla residenza privata – non registrata come Palazzo dei Rolli in quanto all'epoca fuori dalle mura della città, a Fassolo. Centro mondano, politico, artistico per tutto il XVI secolo, la Villa del Principe (o Palazzo Andrea Doria) ha subìto svariati interventi e modifiche nel corso degli anni: la facciata a nord è compatta, animata solo dal portale con timpano realizzato da Perin del Vaga e Silvio Cosini, quella a sud è composta da terrazzi e logge asimmetriche. Gli interni sono impreziositi da numerosissimi affreschi prevalentemente a carattere mitologico di Perin del Vaga (come la meravigliosa raffigurazione di Giove intento a scagliare fulmini contro i giganti, datata 1530-1533 circa), da importanti ritratti della famiglia committente e un ciclo di arazzi quattrocenteschi di manifattura fiamminga e provenienza borgognona, chiamati gli *Arazzi di Alessandro Magno*. Il lussuoso palazzo, nel quale i Doria tengono feste, ricevimenti, spettacoli pirotecnici, comprende anche un parco con fontane e ninfei. È stata proprio questa dimora privata a spronare la classe dirigente genovese verso una maggior attenzione nei confronti dell'architettura, dell'arte e più in generale del mecenatismo. Le successive dimore sorte in città e nelle aree suburbane si ispirano proprio al luogo dove una delle figure più importanti del secolo d'oro dei genovesi ha vissuto fino alla fine dei suoi giorni.

L'arte? Una questione di *famiglie*

I signori genovesi dell'opulenta età seicentesca, commercianti e lupi di mare, si arricchiscono di una qualità aggiuntiva, quella di mecenati e collezionisti d'arte. Gerolamo e Gio. Agostino Balbi, Gio. Carlo e Marcantonio Doria, Giovan Francesco Serra, Gio. Vincenzo Imperiale, Tommaso e Gio. Batta Raggi, Stefano e Gio. Batta Balbi, Gio. Filippo Spinola, Agostino e Ansaldo Pallavicino, i Brignole-Sale si distinguono infatti, oltre che come mercanti, uomini politici, diplomatici, imprenditori, anche come mecenati, apprezzati committenti e amatori di ogni forma di arte – pittura, scultura, oreficeria, tessile, arredamento –, e danno origine a una forma del tutto particolare di collezionismo, contraddistinto da una estrema libertà del gusto, un forte carattere internazionale e il desiderio di investire nel bello.

› Dettaglio di Palazzo Stefano Balbi, Genova.

Aprono le porte dei loro magnifici palazzi e dimore private a capolavori di artisti quali Pieter Paul Rubens, Caravaggio, Tiziano, Guido Reni, Guercino, Antoon van Dyck, Justus Sustermans, Giulio Cesare Procaccini, Orazio e Artemisia Gentileschi, oltre alle opere dei rappresentanti della scuola artistica locale, come Domenico Fiasella, Bernardo Strozzi, il Grechetto e molti altri. Le raccolte e le preziose collezioni del patriziato genovese del Seicento, oggi conservate in tutto il mondo, sono come la caverna delle meraviglie di Alì Babà: quadrerie dei migliori artisti, preziosi arazzi finemente ricamati, scintillanti argenti, eccellenti bronzi (a opera del fiorentino Ferdinando Tacca), vasellame e molto altro.

Spesso le vicende biografiche e le attività economiche e commerciali delle ricche famiglie influenzano le collezioni artistiche, come nel caso di Gerolamo Balbi e di suo nipote Gio. Agostino i quali, impegnati nella lavorazione e nel commercio della seta, hanno un giro d'affari che si estende fino alle Fiandre, in particolare nella città di Anversa, e di conseguenza entrano in contatto con moltissime opere fiamminghe: la *Carità* (1549-1550) di Jan Matsys, *La cuoca* (1559) di Pieter Aertsen, la *Scena di mercato* (1565) di Joachim Beuckelaer. Il tema degli interni di cucine o delle scene di mercato è tipico del repertorio di pittura di genere degli artisti delle Fiandre, che dipingono uomini e donne alle prese con vivande, suppellettili, cacciagione. Il formato bislungo, allungato, delle ultime due prime tele è giustificato dalla loro originaria funzione di *entre-fenêtre* (lo spazio occupato tra due finestre), ed enfatizza il ruolo delle figure in primo piano. La *Carità* è invece un esempio emblematico di sintesi tra la cultura italiana e la tradizione fiamminga: ci sono elementi leonardeschi (come la prospettiva atmosferica), elementi classici come una parte di colonna spezzata sovrastata da un prezioso vaso in pietra, le figure sono sensuali, inserite in uno spazio ben definito dal punto di vista geometrico e volumetrico. La collezione Balbi prosegue anche con Stefano e il figlio Gio. Batta, che acquistano molto soprattutto a Venezia – il famoso Veronese, ma anche quel curioso pittore che è Paris Bordon-Paride Bordone. Il capolavoro di casa loro è però sicuramente *Giunone e Argo* (1610-1611) di Rubens. Secondo il mito, Argo, dotato di molti occhi, fu incaricato da Giunone di sorvegliare la giovenca nel-

› *Carità*, dipinto di Jan Matsys, 1549-1550, Musei di Strada Nuova-Palazzo Bianco, Genova.

la quale Giove aveva trasformato la sua amante per nasconderla alla gelosia della moglie, ma fu ucciso dallo stesso, preoccupato che la dea avesse scoperto il suo sotterfugio. La scena che sceglie di dipingere il pittore fiammingo fa riferimento a un'ulteriore metamorfosi, quella compiuta da Giunone, che per rendere omaggio al fedele servitore gli porta via gli occhi e li applica sulla coda del pavone, dove rimarranno per sempre a decorare le piume. La dea è ritratta come una regina, con corona, mantello in broccato d'oro e un ricco abito rosso sapientemente drappeggiato, mentre ai suoi piedi il corpo possente di Argo, la cui torsione è fortemente espressiva, è esaltato dall'illuminazione brutale che lo contrappone alle masse scure dei pavoni nella parte sinistra della tela, il tutto con un esito straordinariamente drammatico e sontuoso.

La collezione della famiglia Doria è un altro potentissimo esempio del grande desiderio dei nuovi signori di Genova di circondarsi di arte. Gio. Carlo Doria, figlio di Agostino – doge nel biennio 1601-1603 e politicamente legato all'influente e lontano parente Giovanni Andrea Doria – apprende l'arte della mercatura insieme con il fratello maggiore Marcantonio, collabora brillantemente all'amministrazione degli affari di famiglia (commerci, prestiti, investimenti), ma alla morte del padre preferisce una più tranquilla esistenza da raffinato *rentier* alla carriera politica perseguita da Agostino o all'imprenditoria scelta da Marcantonio, intrattenendo rapporti epistolari di natura cortese (scambi di doni, di favori, di auguri) con le più prestigiose famiglie italiane del tempo, come i Medici, i Gonzaga, i Farnese e Federico Borromeo, e raffinando la sua attività di mecenatismo.
La sua collezione si compone prevalentemente di una quadreria, di una piccola sezione di grafica, di alcune *mirabilia* (come, sembra, delle ossa di scheletro di balena). Già intorno al 1621 la sua raccolta (con circa seicentonovantuno oggetti) offre una panoramica abbastanza completa delle scuole regionali, con particolare attenzione a quella locale, e tradisce la preferenza del proprietario per la pittura a soggetto religioso, ma anche per i ritratti, le nature morte e i paesaggi. Molti sono i quadri con protagonisti membri della famiglia Doria, come una stupenda miniatura che ritrae *Il doge Agostino Doria con la famiglia* (XVII secolo) di Guilliam van Deynen, il *Giacomo Doria* (1533-1535)

› *Ritratto di Brigida Spinola-Doria*, olio su tela di Pieter Paul Rubens, 1606, National Gallery of Art, Washington D.C.

di Tiziano, il *Nicolò Doria* (1545) e l'*Agostino Doria* (1555) di Tintoretto, il *Marcantonio Doria* (1649) di Justus Sustermans (una raffigurazione virile, seria e anziana, con mani strepitose e il cartiglio fra le dita) e, naturalmente, il *Gio. Carlo Doria a cavallo*, richiesto esplicitamente a Rubens nell'estate del 1606. Dell'artista fiammingo il Doria possiede anche la straordinaria *Brigida Spinola* (1606), lasciatagli in eredità dal fratello maggiore Giacomo, marito della donna e committente dell'opera in occasione delle nozze. La marchesa è infatti ritratta in abiti sfarzosi che la avvolgono come un batuffolo. Sullo sfondo si nota un sapiente utilizzo del panneggio, nel drappo rosso dietro la donna, e dell'architettura, che sembra richiamare quelle di cui poi parlerà Rubens nel suo trattato sugli edifici genovesi.
Tra i maestri locali, Gio. Carlo ammira soprattutto Bernardo Strozzi che, tra i tanti, dipinge per lui le due elegantissime *Santa Caterina* e *Santa Cecilia* (entrambe del 1615-1620 circa), nate in *pendant* per una sala del palazzo di famiglia e raffinate nel cromatismo e nella modalità di stesura del colore, e *Alessandro Magno consegna la corona* (1601 circa), nel quale l'uomo sulla destra che con gli occhiali controlla che le perle della corona siano autentiche sembra assolutamente genovese. Bernardo Strozzi è una figura particolarmente curiosa: entrato a diciassette anni nell'Ordine dei frati minori Cappuccini, successivamente lo lascia per diventare pittore, ma gli rimane il soprannome di Cappuccino (o Prete genovese). Va di conseguenza la sua costante passione per le Vergini, le sante, ma soprattutto per il colore bianco. È infatti tra i più grandi esperti di biacca del Seicento.
Nell'estate del 1621 Gio. Carlo e il fratello Marcantonio ospitano il francese Simon Vouet, a Genova da alcuni mesi, che in quell'occasione li ritrae entrambi (sebbene solo del primo sia giunto fino a noi il ritratto, stupendo per introspezione psicologica).
I genovesi comperano ovunque e gli artisti arrivano da ovunque, come lo Spagnoletto, al secolo Jusepe de Ribera, spagnolo operante in giro per le Italie, del quale Marcantonio Doria acquista la *Pietà* (1618-1623), un meraviglioso compianto sul Cristo morto dove la Maddalena ormai penitente guarda come una curiosa figura preraffaellita i piedi di Cristo.

Altro membro di prestigiosa famiglia, Gio. Vincenzo Imperiale, noto per le sue doti letterarie, dà ampio spazio ai suoi interessi artistici – che coltiva anche grazie all'amicizia con pittori dell'epoca e a viaggi (a Milano, Mantova, Ferrara, Roma,

Napoli, Venezia) – e dedica molto tempo a costituire una propria collezione, nella quale si trovano alcuni capolavori assoluti, come un *San Sebastiano* tenero, diafano, ceruleo e sexy di Guido Reni (1615 circa), una *Donna allo specchio* dai lunghi capelli rossi che Tiziano dipinge a metà Cinquecento e inserisce in un'atmosfera profondamente erotica e intima (l'uomo alle sue spalle, probabilmente l'amante, l'assiste nel momento dell'acconciatura), e poi alcuni artisti locali, fra cui spiccano Andrea Semino e Luca Cambiaso (*Madonna della candela*, 1570-1575), quest'ultimo un curioso genio proto cubista e in qualche modo metafisico. Gio. Vincenzo Imperiali raccoglie anche molta archeologia e arazzi.

Una chiesa gentilizia

Le parrocchie gentilizie costituiscono un aspetto peculiare della storia di Genova. La Chiesa di San Luca, per esempio, situata nell'omonima piazza del centro storico, nel quartiere della Maddalena, rappresenta l'esclusivo luogo di culto dei membri della famiglia Spinola, tra le più antiche e importanti della città. Nel 1485 la chiesa è affidata in giuspatronato agli Spinola e ai Grimaldi da papa Innocenzo VIII. L'istituzione di parrocchialità gentilizia avviene in epoca imprecisata, anteriore rispetto alla bolla di Sisto V del 1589.
L'edificio di culto fu fondato nel 1188 da Oberto Spinola, su un terreno di proprietà del genero Oberto Grimaldi. Venne totalmente riedificata nel XVII secolo in forma barocca. La decorazione degli interni fu affidata a Domenico Piola, vero maestro della tecnica dell'affresco, che realizzò *Storie della vita della Vergine e di San Luca*, e ad Anton Maria Haffner, celebre per i suoi dipinti a *trompe-l'œil*. Oltre a questi cicli, la chiesa custodisce anche altre opere, come il gruppo scultoreo in marmo dell'*Immacolata con angeli* sull'altare maggiore e quello ligneo del *Cristo deposto* – entrambi realizzati a fine Seicento da Filippo Parodi –, e l'*Adorazione dei pastori*, capolavoro di Giovanni Benedetto Castiglione, detto il Grechetto. Si racconta che Domenico Piola abbia reso policroma quest'ultima opera per armonizzare architettura, pittura e decorazione.

CAPITOLO 7

Bologna

Museo a cielo aperto

Una città dalle mille sfaccettature

Protetta dal lungo abbraccio della Madonna di San Luca, Bologna sfoggia una tradizione culturale, scientifica, artistica e gastronomica tra le più ricche d'Italia. Testimonianza ne è la straordinaria stratificazione di stili che la caratterizza, oltre all'università più antica d'Europa e a una scuola pittorica di tutto rispetto. Con le sue chiese, le sue torri e le sue piazze, la città vive la Storia da protagonista, alternando il dominio dei papi con quello delle grandi famiglie come i Pepoli, i Visconti, i Bentivoglio.

Lo raccontano gli edifici che affacciano su piazza Maggiore: il Palazzo del Podestà, il più antico, e il Palazzo Re Enzo, usata come prigione per il figlio di Federico II; il Voltone del Podestà, triste luogo degli impiccati, e la Torre dell'Arengo, con le sue sonore campane di bronzo; il Palazzo d'Accursio, dal solenne portale cinquecentesco, e lo scenografico Palazzo dei Banchi. E infine la Basilica di San Petronio, dalla facciata incompiuta. Lo raccontano bene i palazzi dell'università, dall'Archiginnasio a Palazzo Poggi, che offrono grande abbondanza di affreschi e statue, modellini e carte geografiche, reperti naturali e cere anatomiche. Lo raccontano anche il prezioso complesso di Santo Stefano, la meravigliosa fontana di Nettuno, il teatro semovente del Bibbiena, sulla cui prima locandina campeggiano i nomi di Metastasio e di Gluck. Lo raccontano, infine, i dipinti di Amico Aspertini e di Francesco Primaticcio, di Ludovico Carracci e dei suoi cugini Agostino e Annibale, di Guido Reni e di Elisabetta Sirani, e gli imperdibili capolavori della Pinacoteca Nazionale. Bologna, solida e allegra come i suoi mattoni, è una città dalle mille sfaccettature, tutte da scoprire.

Leggende e inganni ottici dai colli bolognesi

Bologna, straordinaria città dalle mille sfaccettature, rappresenta uno dei più importanti tesori culturali, artistici, storici (e gastronomici) d'Italia.

› Facciata della Basilica di San Petronio, Bologna.

Importante centro culturale sin dal Medioevo, con la sua celebre università che risale sembra al 1088 (la più antica del mondo occidentale) e che ha visto studenti illustri come Dante Alighieri, Francesco Petrarca, Niccolò Copernico, Galileo Galilei, Torquato Tasso, è anche città di artisti e di architetti, ricca di palazzi storici, chiese e monumenti che testimoniano la sua grande eredità. Bologna, «la Dotta».

Famosa per la sua cucina, ricca di sapori e tradizioni, basata su prodotti semplici e genuini, come la pasta fresca, la mortadella e il parmigiano reggiano, solo per citarne alcuni, ha reso celebre la sua gastronomia in tutto il mondo e attira ogni anno migliaia di visitatori che vogliono assaporare le delizie locali. Bologna, «la Grassa».

Il primo particolare che si nota guardandola dall'alto sono le sfumature di rosso dei tetti e degli edifici: sono i robusti mattoni con i quali sono stati costruiti, a partire dal Medioevo, torri e palazzi. Bologna, «la Rossa».

Il segno totemico che tutti riconoscono sin dall'autostrada e che annuncia la sua presenza è il Santuario della Madonna di San Luca. La storia di questa basilica è legata al culto devozionale dell'icona della *Madonna col Bambino* – da sempre protettrice dei bolognesi – che la tradizione attribuisce alla mano dell'evangelista Luca, ma che in realtà è un'opera bizantina risalente al XII secolo. Secondo la leggenda, l'icona, che recava la scritta «Questa tavola, dipinta da san Luca, è da portare nella sua chiesa sul Monte della Guardia», arrivò a Bolo-

gna per mano di un pellegrino eremita greco di nome Teocle, che la prelevò con il consenso dei sacerdoti della Basilica di Santa Sofia di Costantinopoli con l'intento di trovare il monte indicato dall'iscrizione. Dopo un lungo peregrinare, individuò il luogo cercato a Bologna, consegnando il dipinto agli anziani della città, che lo portarono in processione sul monte presso la cappella di San Luca. Nel 1194 la canonichessa Angelica Bonfantini si adoperò per la costruzione di una prima vera chiesa dove custodire l'icona diventata ormai oggetto di venerazione popolare, interessando direttamente anche papa Celestino III. Il 5 luglio 1433 alla Madonna di San Luca venne attribuito un evento miracoloso in quanto, proprio in coincidenza del suo arrivo, si fermarono le piogge che cadevano incessantemente da tre mesi. Da allora, la processione viene ripetuta ogni anno nella stessa data. L'aspetto attuale del santuario, di stampo settecentesco, che ha visto la ricostruzione *ex novo* della chiesa, la realizzazione di altri edifici e di varie strutture di raccordo, oltre alla sistemazione del piazzale centrale, è gran parte opera dell'architetto Carlo Francesco Dotti, che immaginò un gioco geometrico di echi e rimandi reciproci tra le forme curvilinee ed ellittiche che caratterizzano la sua struttura, sia nelle parti interne sia in quelle esterne.
Si tratta di un'esaltazione dell'architettura del XIX secolo, fatta di bianco, oro, quadrati e cerchi, che diventa, appena si esce, ancor più bolognese per via dei suoi toni di rosso. Il santuario è caratterizzato dal porticato più lungo al mondo (oltre tre chilometri), che parte dal centro di Bologna (Arco Bonaccorsi), si snoda verso via Saragozza, e poi in salita verso la cima del Colle della Guardia, dove si trova la basilica: una sorta di lungo abbraccio per il devoto che arriva qui con il suo pellegrinaggio.
Sul Colle San Michele in Bosco si trova invece l'omonimo complesso monastico, costruito dagli Olivetani nel 1364 in un'area che ospitava già da tempo un cenobio di eremiti. Intorno alla metà del Quattrocento fu edificata la prima chiesa, che negli anni tra il 1517 e il 1523 fu oggetto di un completo rifacimento sulla base di un progetto attribuito all'architetto ferrarese Biagio Rossetti e alla sua scuola. Di questi anni è anche il portale in pietra d'Istria ideato da Baldassarre Peruzzi. I lavori di sistemazione del convento furono ultimati successivamente, coinvolgendo anche personalità come Giorgio Vasari, che intorno al 1539 operò insieme ai suoi allievi all'interno

› Nelle pagine precedenti: Santuario della Madonna di San Luca sulla cima del Colle della Guardia, Bologna.

della sala del refettorio. Nei primi anni del Seicento fu realizzato il chiostro ottagonale detto «dei Carracci», un *unicum* nel panorama monastico bolognese, con affreschi realizzati da Ludovico Carracci, Guido Reni e altri allievi della scuola, fra cui Alessandro Albini, e oggi purtroppo in cattivo stato di conservazione. L'aspetto attuale della biblioteca risale invece al 1677, e riflette un'evidente eco del gusto barocco dell'epoca. Dopo la soppressione dell'Ordine degli Olivetani, avvenuta nel 1797, il monastero cambiò più volte destinazione d'uso fino a diventare sede, a partire dal 1896, dell'Istituto Ortopedico Rizzoli.
Una delle peculiarità di questo complesso architettonico sta nel corridoio monumentale, da dove si assiste a una curiosa illusione ottica, definita scientificamente come «effetto cannocchiale» o «*vista paradox*»: un assurdo ingrandimento percettivo della Torre degli Asinelli visibile dalla finestra quando ci si allontana indietreggiando e un rimpicciolimento quando ci si avvicina.

Un complesso dal gusto gerosolimitano

La costruzione religiosa più antica di Bologna è il complesso di Santo Stefano, sorto su un'area che anticamente era occupata da un tempio romano dedicato a Iside. Il luogo è un formidabile insieme di edifici sacri costruiti e riadattati in epoche diverse, seguendo uno schema originario ispirato ai santuari del Golgota a Gerusalemme. La compresenza di tanti stili e di tante culture differenti rende molto incerti gli studiosi sulla datazione originaria del complesso.
I suoi elementi sono tanti: la Chiesa del Crocifisso, il Presbiterio (ex Chiesa di San Giovanni Battista), sotto al quale è collocata la cripta (antica Chiesa de' Confessi), la Basilica del Sepolcro, quella dei Santi Vitale e Agricola, il Cortile di Pilato, la Chiesa della Trinità (o del *Martyrium*), il chiostro dei Benedettini. Al suo interno è da segnalare inoltre la presenza di un museo che custodisce preziose reliquie e oggetti artistici di epoche e scuole diverse e la piccola chiesa rinascimentale della Benda, chiamata così perché conserva la benda che secondo la leggenda era indossata dalla Madonna in persona.
La Chiesa del Crocifisso è di origine longobarda (VIII secolo), ristrutturata intorno al XII secolo e restaurata nel XIX secolo. L'esterno, oggi molto diverso da com'era in origine, ha un aspetto romanico. L'interno è composto

da una navata con volta a capriate e abside barocca. Dalla navata si accede a una scalinata centrale che conduce al Presbiterio – integralmente rifatto nel Seicento –, e a due scalinate laterali che portano alla cripta costruita nel 1019, la quale è dotata di un'entrata nascosta dal Cortile di Pilato. Quest'ultimo, di forma rettangolare, presenta un'architettura di difficile comprensione perché in gran parte ridisegnata, ma il suo portale reca tuttora i fori che richiamano la vecchia decorazione in pietra ormai perduta. Al centro si trova il cosiddetto «Catino di Pilato», vasca marmorea longobarda risalente all'VIII secolo.
Adiacente alla cripta e al cortile c'è la Basilica del Sepolcro, vero e proprio baricentro simbolico di tutto il complesso, risalente al V secolo ma rifatta negli anni a cavallo tra l'XI e il XII. L'edificio è in stile romanico, a pianta centrale con perimetro a base ottagonale irregolare. Le decorazioni hanno mantenuto un sapore bizantino.
Accanto a quella del Sepolcro è collocata la Basilica dei Santi Vitale e Agricola, di origine tardo-antica e ristrutturata successivamente nella forma attuale.

› Complesso monumentale della Basilica di Santo Stefano, Bologna.
› Nella pagina accanto: chiostro benedettino all'interno del complesso di Santo Stefano, Bologna.

La sua facciata è a salienti, con un unico portale, una bifora centrale, due monofore ai lati e una serie di archetti pensili. La pianta è a tre navate e cinque campate, il soffitto a crociera è di epoca quattrocentesca. All'interno ci sono resti di un pavimento musivo di epoca romana, e nell'abside due sarcofagi attribuiti ai santi. Sono curiosi i capitelli «da recupero»: ci sono quelli ionici, quelli di derivazione bizantina e altri di origine franca.
Attraversato il Cortile di Pilato si giunge a un altro spazio misterioso: la Chiesa della Trinità, primo *martyrium* paleocristiano, successivamente battistero longobardo, quindi Chiesa della Santa Croce in epoca romanica e oggetto di altri interventi di ristrutturazione in epoche più recenti. Attualmente è divisa in cinque navate e due campate con volte a crociera. Una cappella di questa chiesa conserva l'*Adorazione dei Magi*, un gruppo ligneo di grande interesse, datato al XIII secolo e ricoperto intorno al 1370 da una vivace decorazione policroma e dorata dal pittore bolognese Simone dei Crocifissi.

Più grande del Cortile di Pilato è il chiostro medievale dei Benedettini, organizzato su due ordini, quello inferiore anteriore al Mille in stile preromanico, con colonne possenti, e quello superiore, dell'XI-XII secolo, con colonnato sottile in stile romanico decorato con capitelli interessanti e curiosi, come quelli raffiguranti mostruosità, che forse ispirarono Dante nel narrare le forme di espiazione del Purgatorio.

Spiritualità, pittura e musica

San Colombano a Bologna è un complesso chiesastico costituito da una serie di edifici aggregati nei secoli. Il nucleo più antico è formato dalla Chiesa di San Colombano, eretta nel 616. Risale invece al 1591 la costruzione dell'oratorio, vero gioiello artistico, che contiene un importante ciclo di dipinti dedicato alla Passione e al Trionfo di Cristo, eseguiti intorno al 1600 dai migliori allievi dell'Accademia dei Carracci, tra i quali Domenichino, Guido Reni, Francesco Albani, che si cimentarono in una sorta di competizione che il più celebre testimone della pittura emiliana dell'epoca, Carlo Cesare Malvasia, definì «la gloriosa gara». San Colombano ospita una collezione di strumenti musicali antichi, tra cui clavicembali, spinette, clavicordi, donata dal maestro Luigi Ferdinando Tagliavini, grande musicologo e concertista di fama internazionale.

› Una delle sale del complesso di San Colombano con affreschi raffiguranti la Passione di Cristo e al centro l'esposizione di alcuni strumenti musicali, Bologna.

La piazza dei segreti

Cuore pulsante del centro storico e per secoli fulcro della vita politica, religiosa, culturale, sociale della città, piazza Maggiore fu costruita a partire dal 1200 come luogo da destinare al mercato, ma non solo. L'edificio più antico è il Palazzo del Podestà, realizzato nel XIII secolo e sede, come dice il nome, del podestà e dei suoi funzionari. L'originaria facciata romanica venne trasformata in stile rinascimentale durante la signoria dei Bentivoglio, l'ultima èra di autonomia cittadina. Per ampliare lo spazio destinato alle faccende comunali, accanto al Palazzo del Podestà venne costruito, nel 1245, il Palazzo Re Enzo, chiamato così in quanto usato per rinchiudere prigioniero Enzo, figlio dell'imperatore Federico II, catturato durante la battaglia di Fossalta (che vide la vittoria dei bolognesi sulle truppe imperiali) e tenuto in garanzia finché non

morì un quarto di secolo dopo. Tra i due edifici si trova il Voltone del Podestà, una volta a crociera sostenuta da pilastri sormontati da statue in terracotta raffiguranti i protettori della città: san Petronio, san Procolo, san Domenico e san Francesco. In origine, questo era il terribile luogo delle impiccagioni, e ancora oggi si può rabbrividire osservando le travi dove venivano fissate le funi. Sopra al Voltone, ritta e fiera, si staglia la Torre dell'Arengo, alta quarantasette metri, costruita sempre nel XIII secolo e dotata di campane di bronzo, una più grande e una più piccola, che nei secoli hanno scandito la vita quotidiana dei bolognesi e rintoccato per eventi importanti ed eccezionali, come la fine della Seconda guerra mondiale.

› Dettaglio della facciata del Palazzo Re Enzo e della Torre dell'Arengo, Bologna.
› Nella pagina accanto: Palazzo del Podestà in piazza Maggiore, Bologna.

Signori di Bologna

Dopo una serie di lotte tra guelfi e ghibellini e altre contese intestine che indebolirono l'istituzione comunale, verso l'inizio del XIV secolo Bologna si sottomise all'autorità papale. Nel 1327 il legato pontificio Bertrando del Poggetto prese la città, da cui però venne cacciato nel 1334. Nel 1337 ebbe inizio la signoria dei Pepoli.

La famiglia Pepoli si era insediata saldamente nella zona del Cambio (l'attuale piazza della Mercanzia), dove svolgeva l'attività di cambiatori a metà del XII secolo. Progressivamente aveva acquistato una serie di proprietà immobiliari in zona. Romeo fu il primo a trasformare la sua potenza economica in potenza anche politica. Salito ai vertici del governo locale fu però costretto a fuggire, bandito dalla città. La gloria della famiglia tornò con il figlio Taddeo, rientrato a Bologna dopo un esilio di oltre quindici anni ed eletto dal popolo nel 1337 primo signore di Bologna. Egli fece costruire nel 1344 Palazzo Pepoli Vecchio, un edificio austero, protetto da fossato e ponti levatoi, che custodiva all'interno una dimora di rappresentanza, con cortile nobile, scalone grandioso, salone per ricevimenti, decorazioni allegre, ricche e sfarzose. Il suo aspetto medievale è stato poi rielaborato nel periodo barocco e oggi il palazzo è sede del Museo della storia della città.

Alla morte di Taddeo Pepoli il governo di Bologna passò ai Visconti di Milano, poi nuovamente alla Chiesa. Dopo un brevissimo periodo comunale, nel 1401 la signoria dei Bentivoglio prese il potere, e lo mantenne fino alla sua cacciata, avvenuta nel 1506 a opera di papa Giulio II. Anche questa famiglia gentilizia decise di costruirsi un palazzo, che però fu distrutto dai suoi nemici nel 1507. Le cronache raccontano che l'edificio, sorto dove oggi si trova il Teatro Comunale, avesse le sale nobili riccamente affrescate da artisti dell'epoca, e all'esterno avesse capitelli e cornicioni della facciata ricoperti di oro zecchino.

Per celebrare la dinastia trecentesca dei Pepoli un erede, Odoardo Pepoli, fece costruire il Palazzo Pepoli Nuovo (o Campogrande), stupenda opera in bugnato i cui ambienti interni vennero decorati da diversi artisti, fra cui Giuseppe Maria Crespi, che affresca la Sala delle Stagioni e quella dell'Olimpo.

Sulla piazza si affaccia anche il grande Palazzo Comunale, Palazzo d'Accursio (dal nome del committente, il figlio del noto giurista Accursio), edificato tra il XII e il XVI secolo. Il complesso ha la facciata ricca di decorazioni, tra le quali spiccano il solenne portale cinquecentesco realizzato dall'architetto Galeazzo Alessi e la statua bronzea di papa Gregorio XIII fatta da Alessandro Menganti. Sopra quest'ultima, una curiosità: una targa dove ancora oggi si può leggere la scritta latina «*Divus Petronius protector et pater*». Un errore, una svista? No: con l'entrata delle truppe napoleoniche a Bologna, nel 1796, per paura che la scultura venisse distrutta dai francesi avversi ai simboli papali, i bolognesi cercarono di «camuffare» Gregorio come san Petronio, protettore della città. Sostituirono quindi la tiara pontificia (oggi ripristinata) con la mitra vescovile, aggiunsero nelle mani del papa un pastorale e apposero quella lapide con la dedica al santo.

Il palazzo è su due piani, collegati da uno scalone bramantesco. Le varie sale dell'edificio sono decorate con affreschi che ripercorrono la storia di Bologna dal Medioevo al Seicento, altri che riprendono oltre duecento stemmi, altri ancora con motivi floreali e naturali. A metà del Cinquecento nel cortile-giardino dove oggi sorge la Sala Borsa (un tempo luogo per la contrattazione delle

› Piazza Maggiore con Palazzo dei Notai e Palazzo d'Accursio (o Palazzo Comunale), Bologna.

merci, ora biblioteca e spazio nel quale è possibile vedere reperti che spiegano l'origine antichissima etrusca della città) Ulisse Aldrovandi, naturalista, botanico ed entomologo rinascimentale, realizzò un orto botanico coltivato con piante officinali ed esotiche provenienti da tutto il mondo.
E nella piazza dove si svolgeva anche la compravendita di oggetti vari non poteva mancare un dettaglio: nel basamento di Palazzo d'Accursio è incastonata una lunga lastra di pietra bianca con una serie di incisioni che serviva come unità di misura metrica per i mercanti di stoffe che lì lavoravano.

L'ultimo edificio che fu realizzato nella piazza è un capolavoro di urbanistica: il Palazzo dei Banchi, il cui nome deriva dalla presenza, nel Medioevo, dei banchi dei cambiavalute. Disegnato da Jacopo Barozzi detto il Vignola in pieno Cinquecento, ha una facciata come una scenografica quinta teatrale dalla quale si accede alle piccole vie del centro.

Università, scienza e Manierismo

L'Università di Bologna è la prima università d'Europa. Secondo Carducci fu fondata nel 1088, ma forse era ben più vecchia, perché la città emiliana era il luogo dove i libri erano stati trasportati dall'Esarcato di Ravenna nell'VIII secolo, quando esso smise la sua funzione politica. A partire da quel momento, chi voleva studiare i testi doveva recarsi nella città emiliana e chiedere ai professori di spiegar loro che cosa c'era scritto. Fino al XVI secolo non ebbe una struttura centrale: studenti e insegnanti si trovavano nelle scuole e nelle chiese bolognesi (per esempio, la Basilica di San Domenico era sede delle assemblee di giurisprudenza, mentre quella di San Francesco di arti e medicina). A metà del XVI secolo invece, con l'avvio di un serio programma di riforma legata allo studio, viene costruito il Palazzo dell'Archiginnasio: l'università ebbe così per la prima volta una sede unica dove riunire tutti gli insegnamenti delle varie discipline.
L'edificio, oggi Biblioteca comunale, fu voluto da papa Pio IV per mezzo del nipote cardinal legato Carlo Borromeo, non ancora santo. Nei corridoi e soffitti, interni ed esterni (come il cortile), il palazzo conserva intatte decorazioni affrescali raffiguranti gli stemmi degli studenti più influenti, dei grandi capi della goliardia e dei docenti più famosi, oltre che altri simboli araldici. Una delle sue sale più importanti è il teatro anatomico, luogo interamente in legno costruito nel Seicento (restaurato nel dopoguerra con grande abilità) e dedicato allo studio dell'anatomia. È caratterizzato da una cattedra in posizione sopraelevata sotto a un baldacchino retto da statue di «Scorticati», uomini nudi privati della pelle, opera settecentesca di Ercole Lelli. Al centro della sala si trova la tavola per esaminare il defunto, mentre tutto intorno si dispongono le gradinate dalle quali gli studenti ascoltavano la lezione del professore e osservavano il corpo dissezionato dall'anatomopatologo. Lo spazio è interamente decorato da statue, come quella del padre della medicina scientifica Ippocrate, o altre molto più curiose, come quella di un putto che tiene in mano un osso, forse un femore, anziché il classico fiore, e lo porge all'Anatomia: la scienza si unisce qui alla fantasmagoria ironica.

› Cortile interno porticato e decorato del Palazzo dell'Archiginnasio, Bologna.

Tanti sono i musei dell'università, come quello ospitato presso Palazzo Poggi, edificio acquistato nel 1711 dal Senato di Bologna (principale organo di governo nel periodo pontificio tra il Cinquecento e il Settecento) per collocarvi l'Istituto delle Scienze e delle Arti. Tra i muri affrescati da celebri artisti cinquecenteschi come Pellegrino Tibaldi, la sua collezione si compone di modelli storici di navi – da quella velocissima del granducato di Toscana usata per cacciare i pirati a quella enfatica del Re Sole, prime creature del Barocco nascente –, carte geografiche e progetti di architettura militare, oltre che della preziosa raccolta cinquecentesca di Ulisse Aldrovandi, padre delle scienze naturali, che archiviava e documentava il vero quanto l'immaginario, reperti di ogni tipo di carattere naturalistico (piante, animali) accanto a disegni di figure mitologiche e mostri.
Il museo di Palazzo Poggi accoglie anche le curiose cere anatomiche realizzate nel Settecento da Ercole Lelli per l'Accademia Clementina, ex Accademia del nudo, voluta da papa Clemente XI nel 1711. Straordinariamente realistiche, queste opere rappresentano l'amore per la scienza e l'assenza di timore nei confronti del corpo, e verranno replicate dai successori di Lelli, formati nella scuola bolognese ceroplastica, ed elevate in potenza: essi si occuperanno infatti anche di capire le varie funzioni fisiologiche umane, chi studiando il cuore come centrale della sensazione, chi studiando il cervello e le sue terminazioni nervose.

A scuola di pittura dai bolognesi

Tra la fine del Quattrocento e il Seicento una nuova corrente artistica trova terreno fertile a Bologna, che in quel periodo è una città in forte crescita economica e culturale, grazie alla presenza di importanti artisti e intellettuali. Questa scuola di pittura bolognese ha avuto una grande influenza sull'arte italiana ed europea del suo tempo. I suoi artisti sviluppano uno stile caratterizzato dalla grandiosità e dalla complessità delle composizioni, ma conservano comunque l'attenzione per la figura umana e per la bellezza ideale: Amico Aspertini (1475-1552), Francesco Primaticcio (1504-1570), Guido Reni (1575-1642) ed Elisabetta Sirani (1638-1665) ne sono degli esempi eccezionali.

Il primo è un colto e raffinato premanierista, pittore e disegnatore, conosciuto soprattutto per la sua abilità nella realizzazione di affreschi e dipinti murali. La sua formazione artistica si svolge presso la bottega del pittore Francesco Francia, uno dei maggiori artisti dell'epoca. Aspertini acquisisce presto una grande reputazione, tanto da ricevere importanti commissioni sia a Bologna sia in altre città d'Italia, come Roma, Firenze e Ferrara.
Si distingue per il suo stile eclettico, che mescola elementi del Rinascimento fiorentino con influenze del Nord Europa, in particolare dell'arte fiamminga. Il suo lavoro si caratterizza per l'uso di colori vivaci e brillanti, che esaltano forme e figure, ma anche per l'estrema cura dei dettagli.
Le sue opere, contorte, raffinate, cesellate e cariche di luci inattese, anticipano già gli sviluppi futuri dei grandi bolognesi: i Carracci e Guido Reni. I suoi

› Dettaglio del baldacchino ligneo retto dagli «Scorticati» di Ercole Lelli e, sopra, Anatomia e putto, XVII sec., Teatro anatomico, Palazzo dell'Archiginnasio, Bologna.

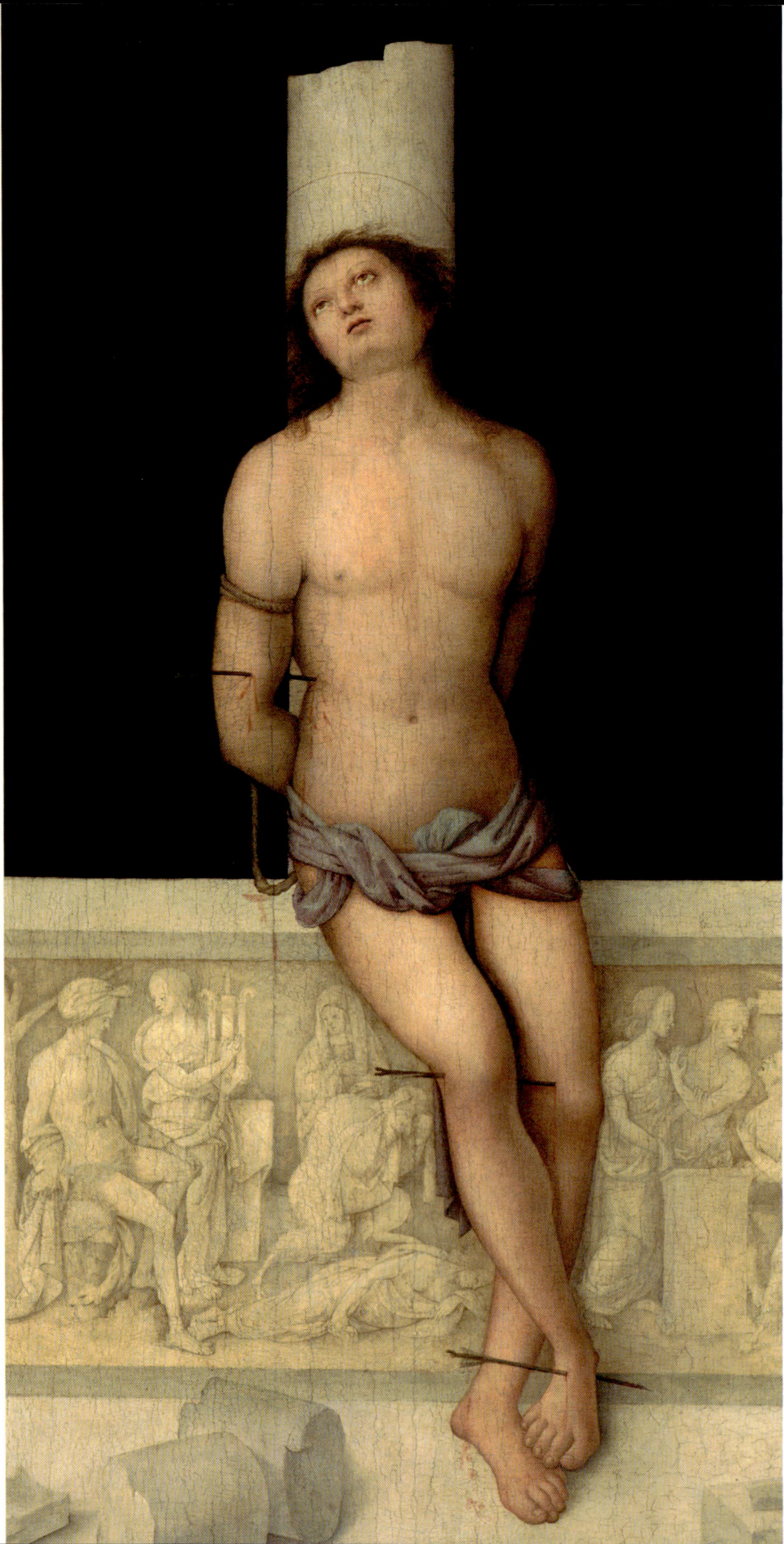

affreschi – alcuni episodi della vita dei santi Valeriano e Cecilia – nella Chiesa di San Giacomo Maggiore rappresentano una delle più grandi realizzazioni dell'arte del Rinascimento italiano. Qui il pittore dimostra tutta la sua abilità nella realizzazione di scene vivaci e ricche di particolari, in cui la figura umana assume un ruolo centrale. Aspertini è anche un abile disegnatore, che si dedica alla creazione di libri illustrati, incisioni e miniature: una grande libertà espressiva e una notevole varietà di stili dimostrano la sua capacità di adattarsi a diverse esigenze artistiche.

Francesco Primaticcio è invece il «bolognese alla corte di Francia»: dopo essersi formato in Italia, si trasferisce, su invito del re Francesco I, a Fontainebleau, dove collabora ai lavori di costruzione e decorazione del castello rinascimentale e succede a Rosso Fiorentino nella carica di sovrintendente. Primaticcio insegna ai francesi che escono dal gotico internazionale e dai pinnacoli il gusto dell'antichità, della romanità e del mito, oltre a una leggerezza stilistica, evolutasi in area emiliana, che la Francia sposerà fino all'Art Nouveau. Fontainebleau diventa quindi una seconda Roma, nella quale il gusto romano del Rinascimento si trasforma in ciò che sarà il futuro chic dei francesi. Probabilmente la corte di Francesco I non sarebbe mai stata quel luogo di lusso e di raffinatezze, se non fosse stato per l'influenza e l'apporto dei pittori italiani.

Il Seicento bolognese si sviluppa invece sotto la guida di Guido Reni, il quale, come i suoi quasi coetanei Guercino e Domenichino, sviluppa uno stile pittorico caratterizzato dalla ricerca di una bellezza ideale, rappresentata attraverso l'uso di colori vivaci e di una ricchezza di effetti luminosi. Una delle sue opere più mature è la *Strage degli innocenti* (1611), nella quale lo stato di confusione e agitazione dell'episodio evangelico è ritratto con una precisione statuaria e monumentale, come si può osservare dalla resa dei corpi di vittime e carnefici, dai drappeggi degli abiti e dei mantelli, persino dai volti delle madri, distrutti dal dolore eppure in qualche modo composti e anatomicamente perfetti.

Infine, il «caso» Elisabetta Sirani, una delle (purtroppo) poche pittrici donne – si pensi ad Artemisia Gentileschi, Sofonisba Anguissola, Lavinia Fontana

› *Martirio di san Sebastiano*, olio su tavola di Amico Aspertini, 1505 circa, National Gallery of Art, Washington D.C.

– in un mondo artistico prevalentemente maschile. Formatasi nella bottega del padre, Giovanni Andrea, affermato pittore bolognese e primo assistente di Guido Reni, inizia la sua attività da giovanissima, realizzando piccoli quadri devozionali, poi si dedica in particolar modo a temi sacri (soprattutto Madonne) e ritratti di eroine bibliche e letterarie (come Giuditta, Cleopatra e Lucrezia).

Impara «per traslazione» da Guido Reni gran parte della ascesi delicata tipica del primo Seicento, angioletti evanescenti compresi. Le sue tele sono quindi intrise di dolcezza: ci sono bimbi, putti e amorini d'ogni genere che ricordano bambole di porcellana e dettagli floreali, rose soprattutto.

Tuttavia, accanto al «troppo dolce» appare anche il «troppo forte», come in *Giuditta con la testa di Oloferne* (1658), dove a un precisissimo taglio della testa del condottiero assiro corrisponde il godimento estatico della donna, che è tranquilla e sicura di sé.

Le protagoniste femminili di Elisabetta Sirani sono forti, fiere, combattenti, virili e virtuose: c'è una Timoclea che uccide spingendo in un pozzo il capitano di Alessandro Magno (1659), una Cleopatra (1664) lussuosa che non si vergogna a mostrare il seno nudo, e infine una Porzia che però rivolge curiosamente la violenza contro se stessa, diventando autolesionista per dimostrare lealtà al marito Marco Giunio Bruto, uno degli assassini di Giulio Cesare (*Porzia che si ferisce la coscia*, 1664).

Curiosa figura, quella di Elisabetta Sirani, che si dipinge in veste di suora o da santa, prefigurando quasi la sua prematura morte, a ventisette anni, forse per peritonite o forse, come saranno in tanti a sospettarlo, assassinata.

› Nelle pagine precedenti: *La Bellezza che scaccia il Tempo*, olio su tela di Elisabetta Sirani, datazione incerta, collezione privata.

La Pinacoteca Nazionale

Nata nel 1808 come quadreria dell'Accademia di Belle Arti, la collezione fu arricchita a seguito delle soppressioni di chiese e conventi in area bolognese a opera delle truppe napoleoniche e successivamente grazie a lasciti e acquisizioni. Le sale accolgono molte testimonianze del Medioevo, come le quattro tavolette di *Storie di sant'Antonio Abate* realizzate da Vitale da Bologna tra il 1340 e il 1345, il quale ha una resa descrittiva incredibilmente vivace ed elegante, oppure come il *Polittico* (1330 circa) di Giotto, capolavoro di raffinatezza. Il padre di tutti gli altri pittori successivi e protagonista indiscusso dell'arte italiana del Trecento, infatti, mostra tutto il suo talento nella grazia delle vesti dei santi, degli arcangeli e della Madonna, oltre che nella resa dei particolari, come un drago-demonio che sembra succhiare da una cannuccia.

Poi opere rinascimentali, con una squisita *Madonna col Bambino* (1495) di Cima da Conegliano, la *Pala dei Mercanti* (1474) di Francesco del Cossa, che lavorava per i Bentivoglio, con facce serie, trionfi di frutta e sapori metafisici. E, ancora, il capolavoro dell'*Estasi di santa Cecilia* (1514 circa), dipinto da un Raffaello attualissimo, dove la musica terrena si rovescia e si corrompe sotto la musica dei cieli e degli angeli, e la *Madonna di santa Margherita* (1529-1530) di Parmigianino, dove le protagoniste hanno colli lunghissimi e sexy e nascosto in un angolo c'è un drago fiammingo.

Poi si va nel Seicento emiliano, con gli affreschi dall'*Orlando Furioso* realizzati da Nicolò dell'Abate, il modenese super chic che non poteva che morire nell'atmosfera parigina di Fontainebleau, il capolavoro della *Strage degli innocenti* (1611) di Guido Reni, dove il pittore, di solito dolce e buono, fa un corso accelerato di patetismo, e Guercino, con *San Sebastiano curato da Irene* (1619) e la *Vestizione di san Guglielmo* (1620).

Infine, si approda al Settecento, un po' aristocratico e un po' popolare, con opere di Giuseppe Maria Crespi, Donato Creti e i fratelli Gandolfi.

CAPITOLO 8

Siena

Eterno Medioevo

ANTISTES AD CALISTVM III
MISSVS PONT AD BELLVM
ROGATIONE CARD

La bellezza vince sempre

Guelfi o ghibellini a seconda del vento, ma pragmatici sempre, i senesi si trovano tra i sommi interpreti del Medioevo, quel Medioevo «lungo» descritto sapientemente da Jacques Le Goff. Fedeli alla tradizione bizantina, la contaminano con l'antica Roma per restituirla sotto forma di capolavori, capaci di tradurre in italiano il gotico francese e di parlare al mondo intero con la lingua universale dell'arte. Per rendersene conto, basta fare un giro nella Cattedrale e alzare gli occhi incrociando le opere dei Pisano e di Donatello, di Michelangelo e di Bernini. Oppure scendere nella cripta e scoprire, nei suoi magici affreschi ritrovati solo una ventina di anni fa, la culla di una scuola pittorica dal grande futuro.
A fondare Siena sarebbero stati i figli di Remo, scappati in Etruria portandosi dietro la Lupa capitolina. Da allora, per le sue strade, vizi e virtù sono sempre in lotta, come lo sono torri e campanili, buoni e cattivi governi. Ma a vincere è sempre la bellezza, tra splendide vetrate, dolci Maestà, broccati preziosi e arcigni cavalieri che partono per la guerra in sella al loro destriero.

Se ancora oggi le contrade si alternano a disputarsi il Palio in quella meraviglia che è piazza del Campo, Duccio di Buoninsegna, Simone Martini, Pietro e Ambrogio Lorenzetti, Jacopo della Quercia e moltissimi altri artisti continuano a celebrare in coro i fasti di una città che, sul punto di declinare, si permette di regalare a Roma papi e banchieri, nella certezza che il proprio splendore non passerà mai di moda.

Un'invenzione moderna?

Jacques Le Goff, uno dei più geniali medievisti del mondo, sostiene una tesi molto provocatoria: il Rinascimento non è mai esistito così come lo intendiamo noi e il Medioevo è andato avanti ininterrottamente fino alla rivoluzione

› Facciata del Duomo di Siena.

industriale. Un'epoca complessa, nella sua periodizzazione e nella sua definizione, dunque, ma, forse anche per questo, estremamente interessante e ricca di scoperte inattese.

Nell'Età di Mezzo l'arte non è condizionata solo dalla vita sociale e culturale, si fa plasmare anche dal contesto politico. Coesistono diverse anime artistico-stilistiche, tra cui, in particolare, quella italiana protorinascimentale, che si lega agli interessi guelfi, e quella francese che genera il gotico, il quale verrà «imposto» dall'impero a tutti i ghibellini.

Anche in Italia, il Paese più ricco e sfaccettato della scacchiera medievale, questi stili artistici si influenzano reciprocamente, conservando però sempre in sé la «fazione» di appartenenza: comuni guelfi e signorie ghibelline.

Nonostante la bibliografia tradizionale sostenga che le signorie si siano sviluppate dopo i comuni, in realtà le due istituzioni convivono. La signoria corrisponde al tentativo di sedare la rissosità comunale attraverso l'invenzione dell'«uomo forte», il cui titolo viene garantito successivamente dalla protezione dell'imperatore.

Siena diventa ghibellina, perché l'impero le è utile per affermarsi sulla scena politica italiana ed europea, e già nella prima metà del Duecento l'imperatore

Guelfi *vs* ghibellini

I primi originano il loro nome dal tedesco *Welf*, nome del capostipite e poi di alcuni duchi della casa di Baviera contraria agli Hohenstaufen; in Italia, tra il XII e il XIV secolo questa denominazione si utilizza per identificare i fautori della politica temporale e della supremazia del papato contro gli interessi imperiali sostenuti dai ghibellini (dal medio tedesco *Wībelingen*, nome di un castello di Franconia).

› Veduta aerea di Siena.

Federico II di Svevia le concede una serie di privilegi. La città, sicura dell'appoggio imperiale, sconfigge la guelfa Firenze nella battaglia di Montaperti del 1260. In generale, però, lo scontro tra le due fazioni non è mai lineare, la situazione è sempre più complessa di quanto appaia: Firenze è guelfa non perché filopapalina, ma perché antimperiale; e Siena a sua volta è ghibellina per via dei privilegi, ma è anche filoromana, intendendo con questo termine l'antica Roma senatoriale più che la Roma dei papi a lei contemporanea.
I senesi, di natura pragmatica e dediti al commercio (quindi attenti a tutelare i propri interessi economici), si dichiarano guelfi o ghibellini a seconda della situazione politica del momento. Pochi anni dopo lo scontro di Montaperti, infatti, la fazione guelfa riprende il potere in Toscana e già nel 1269 la ghibellina Siena subisce una sconfitta da parte di Firenze nella battaglia di Colle di Val d'Elsa. Nell'estate del 1270 la città cede all'assedio guelfo e alle truppe del re di Napoli Carlo I d'Angiò, da sempre oppositore della casata di Svevia. Siena, ormai guelfa, comincia così a guardare con interesse alla Francia.

Mirabili scoperte

L'estetica senese segue il nuovo interesse per lo stile artistico francese con il gotico della sua Cattedrale, il Duomo, la cui mole si innalza nell'omonima piazza. Al suo interno lavorano i più grandi scultori di ogni epoca: da Nicola Pisano, che realizza il pulpito dal 1265 al 1268, al figlio Giovanni, autore delle sculture della facciata (che richiamano sia le teste coronate scolpite in Francia sia le statue dei senatori dell'antica Roma), da Donatello, di cui ci rimane il bronzo di *San Giovanni Battista* (1445) nell'omonima cappella, a Michelangelo, che scolpisce *San Pietro*, *San Paolo*, *San Pio* e *Sant'Agostino* (1501-1504) per l'altare Piccolomini, fino a Gian Lorenzo Bernini, con *Maria Maddalena* e *San Girolamo della Cappella del Voto*, datati tra il 1661 e il 1663.
Tra il Duecento e il Trecento i senesi non pongono limiti alle loro ambizioni architettoniche: ampliano costantemente la loro Cattedrale e, per poter ingrandire l'abside, decidono di interrare totalmente la cripta.
Nel 1999 un gruppo di operai intento al recupero dell'area sottostante al coro del Duomo fa una scoperta incredibile: un ambiente decorato da un ciclo di affreschi della seconda metà del Duecento.

L'assoluta novità e la qualità eccezionale delle immagini ritrovate dopo molti secoli apportano una testimonianza fondamentale sulla nascita e lo sviluppo della scuola pittorica senese. Realizzato da una serie di artisti operanti a Siena – quali, con ogni probabilità, Guido da Siena, Dietisalvi di Speme, Guido di Graziano e Rinaldo da Siena –, il ciclo pittorico si caratterizza per la vivacità del colore che, oltre a coprire le pareti dove si trovano gli affreschi, riveste interamente colonne, mensole, pilastri e capitelli, decorati a motivi geometrici e fitomorfi. Le scene figurate si dispongono su due ordini: in alto alcuni episodi dell'Antico Testamento, in basso quelli del Nuovo. Straordinaria e solenne la rappresentazione del dramma della Passione di Cristo in tre grandi momenti: *Crocifissione*, *Deposizione dalla Croce* e *Deposizione nel Sepolcro*.

› Dettaglio del pulpito del Duomo di Siena, di Nicola Pisano, 1265-1268.

Un particolare della *Deposizione* attira l'attenzione: uno dei santi sotto la croce è rappresentato mentre estrae con una pinza e un martello i chiodi dai piedi del Cristo, dai quali cola sangue sulla testa dell'umanità defunta (raffigurata in basso come uno scheletro imprigionato in un groviglio di rocce), per redimerla. La commovente scena anticipa l'incredibile grado di realismo che in pittura toccherà il culmine con Giotto, qualche tempo dopo la realizzazione di questi affreschi.

Piazza del Duomo, scrigno di tesori

Il Museo dell'Opera, in piazza del Duomo, custodisce molti capolavori che testimoniano l'oscillazione dell'arte medievale fra tradizione e innovazione, fra passato e futuro.
A piano terra si trova esposta l'importante raccolta di statuaria senese trecentesca proveniente dalla facciata della Cattedrale, il cui primo progetto si deve a Giovanni Pisano. Le statue in marmo di *Sibille*, *Profeti* e *Filosofi*, realizzate durante la sua carica di capomastro (1285-1297), sono rappresentazioni perfette di un dinamismo carico di spiritualità e del nuovo modo di scolpire dell'artista, fortemente influenzato dal gotico.
Pisano compie infatti un'accelerazione formidabile nelle arti visive: il volto di Simeone, per esempio, sembra scolpito all'inizio del Cinquecento. Inoltre, in queste statue si percepisce l'evoluzione politica in corso, nella quale la Francia è al centro: la figura di Salomone ricorda, in qualche modo, Luigi IX il Santo o Carlo I d'Angiò. Il panneggio e la posizione del corpo sono modernissimi, la barba e la corona sono identiche a quelle delle statue che si trovano sui portali delle chiese di Parigi, la pettinatura dà un segno di movimento totalmente innovativo.
In fondo alla sala è stata collocata la grande vetrata realizzata da Duccio di Buoninsegna tra il 1287 e il 1290 per l'oculo absidale della Cattedrale. Con i suoi sei metri circa di diametro, presenta nella fascia verticale tre storie della Vergine: la *Sepoltura*, l'*Assunzione* e l'*Incoronazione*. A lato, seduti su troni marmorei, sono invece rappresentati gli evangelisti, mentre i quattro santi patroni di Siena

› Salone contenente la vetrata del Duomo, di Duccio di Buoninsegna, 1287-1290, Museo dell'Opera del Duomo, Siena.

– Bartolomeo, Ansano, Crescenzio e Savino – compaiono nella fascia laterale. Lo stupore è assoluto, perché in quest'opera straordinaria l'incrocio degli stili è insospettabile: Cristo pone sulla testa della Madonna una corona che sembra parigina; san Giovanni mostra il suo Vangelo scritto in una curiosa e incomprensibile lingua orientale; san Matteo, con una lunga barba, scrive in una lingua bizzarrissima, e sant'Ansano tiene in mano una croce che sembra l'elsa di una spada ed è vestito con il rigore e l'eleganza di alcuni re presenti nella Sainte-Chapelle di Parigi. Il tutto pervaso di un eccezionale gioco cromatico che risplende di magia: c'è l'azzurro intenso dello sfondo, il giallo dorato, il viola ametista, il rosso rubino e il verde smeraldo per le vesti, e infine il rosa delicato degli incarnati.
Al primo piano è conservata la magnifica pala d'altare con la *Maestà*, sempre di Duccio, capolavoro assoluto dell'arte pittorica italiana del primo Trecento. Il dipinto, realizzato tra il 1308 e il 1311, presenta oltre quaranta figure sul davanti, e quasi ottanta nelle storie del retro, delle predelle e dei coronamenti. Nella parte anteriore è raffigurata la *Madonna in trono, santi e angeli*, e in quella posteriore, suddivisa in ventisei scene, la *Passione di Cristo*.

Tradizioni bizantine e modernità senesi

Duccio di Buoninsegna, uno dei primi maestri della scuola senese, nella sua *Madonna di Buonconvento* (1290-1295, Museo d'Arte Sacra della Val d'Arbia, Buonconvento) segue la tradizione bizantina rappresentando la Vergine come figura ieratica, mentre se ne allontana con il Bambin Gesù, il quale sembra uscito da un decoro romano antico. E ancora, nella *Madonna di Crevole* (1283-1284 circa, Museo dell'Opera del Duomo, Siena) dipinge la mano della Madonna secondo tutti i crismi dello stile bizantino, però le mette fra le braccia un Gesù che sembra un senatore romano. Duccio è quindi capace di riprendere la tradizione orientale bizantina e contemporaneamente di dare all'opera un sapore diverso e tutto senese.

› *Madonna di Buonconvento*, tempera e oro su tavola di Duccio di Buoninsegna, 1290-1295, Museo d'Arte Sacra della Val d'Arbia, Buonconvento.

Tra le opere della collezione museale si trova anche la *Madonna degli Occhi Grossi*, uno dei più antichi dipinti di scuola senese, realizzato dal Maestro di Tressa nel secondo quarto del XIII secolo. La tradizione vuole che davanti a essa il popolo, prima della battaglia di Montaperti, avesse pronunciato una preghiera per affidare la città alla Vergine.

In piazza del Duomo, davanti alla facciata duecentesca della Cattedrale, si trova il Complesso museale di Santa Maria della Scala, un enorme edificio nato nel 1090 come ospedale medievale, attento nei secoli successivi anche all'accoglienza di viaggiatori, pellegrini e bambini abbandonati. La struttura origina come piccola cellula addossata alla prima cinta muraria, poi, con la costruzione delle altre due cinte, si estende fino ad arrivare nella piazza del Duomo.
Sul finire del secolo scorso è divenuto oggetto di un grandioso progetto di recupero che ha permesso la sua trasformazione in complesso museale, in cui è possibile cogliere la stratificazione storica, architettonica, artistica, culturale che ha caratterizzato la città di Siena.
Uno degli ambienti più incredibili e monumentali di Santa Maria della Scala è il Pellegrinaio, che contiene un importantissimo ciclo di affreschi del Quattrocento senese, a cui lavorarono Domenico di Bartolo, Pietro d'Achille Crogi, Priamo della Quercia, Lorenzo Vecchietta. Le pitture illustrano la missione dell'ospedale, con frequenti scene della sua quotidianità: un autentico spaccato della vita del Medioevo. L'architettura è gotica, al massimo della sua esaltazione internazionale. Gli abiti dei personaggi ritratti sono coloratissimi, le pettinature sofisticate, le calze diverse l'una dall'altra, le scarpe di ogni foggia possibile. Sono qui raffigurate anche due importantissime invenzioni medievali: il ferro di cavallo, simbolo del trasporto, e il libro, emblema di una diffusione diversa e nuova della cultura.

› Nelle pagine precedenti: fronte della *Maestà*, tempera su tavola di Duccio di Buoninsegna, 1308-1311, Museo dell'Opera del Duomo, Siena.
› *Investitura del rettore dell'ospedale*, affresco di Priamo della Quercia, 1442, Complesso museale di Santa Maria della Scala, Siena.

Nel Palazzo del Buon governo

Il periodo di maggiore prosperità e splendore – culturale, politico ed economico – di Siena è quello compreso tra il 1287 e il 1355 circa, gli anni del Governo dei Nove, la magistratura definita anche come «il Buon governo». In questa fase vengono aperti numerosi nuovi cantieri – tra i quali quello del Duomo –, viene completata una parte della cinta muraria e sono edificati molti palazzi, incluso il Palazzo Pubblico, sede del governo della città, e la sua vicina Torre del Mangia, così chiamata dal soprannome del suo primo custode, Giovanni di Duccio, detto «mangiaguadagni».

Per simboleggiare il raggiunto equilibrio tra il potere religioso e quello civile, senza che nessuno dei due superi e si imponga sull'altro, la Torre del Mangia, pur partendo da una levatura del terreno più bassa, raggiunge la stessa altezza del campanile del Duomo. Questo lo si può osservare anche nell'affresco *Santi e beati Pietro Alessandrino, Ambrogio Sansedoni e Andrea Gallerani* (1446) di Sano di Pietro collocato all'interno del Palazzo Comunale: Pietro Alessandrino regge in mano la città di Siena, nella quale i due edifici sono effettivamente alti uguali. Per manifestare il proprio programma politico, il Governo dei Nove commissiona il lavoro di decorazione del palazzo ad alcuni dei maggiori artisti del tempo, tra cui Giovanni Pisano, Sano di Pietro, Domenico di Bartolo, Simone Martini, Ambrogio Lorenzetti e Lorenzo di Pietro, detto il Vecchietta. L'insieme di affreschi e di opere di scultura è una testimonianza fondamentale dell'arte medievale, oltre che un eccezionale documento della società civile del Trecento.

Una delle sale più grandi e famose del Palazzo Comunale è la Sala del Mappamondo, detta anche Sala del Consiglio, che conserva due grandi affreschi di Simone Martini: la *Maestà*, iniziata nel 1312 e finita nel 1315, e *Guidoriccio da Fogliano all'assedio di Montemassi*, del 1330. Nella prima, il decoro a falso mosaico è perfettamente bizantino, come lo sono ancora i volti di alcune figure nella cornice. L'impostazione complessiva è però gotica.
Di fronte a quest'opera c'è il determinato, arcigno e combattivo Guidoriccio da Fogliano, comandante delle truppe senesi, ritratto mentre va all'assalto del Castello di Montemassi in Maremma. Sullo sfondo, un paesaggio piuttosto realistico con montagne, un accampamento e le località teatro dei fatti. In questo affresco la ricerca dei colori è molto attenta, come per esempio il lapislazzulo, che proviene dagli Urali, e l'oro derivato dalle foglie d'oro, usato molto spesso nei fondi, perfino nella pittura murale. L'attenzione all'aspetto cromatico è un fatto molto significativo, perché il Medioevo guarda al colore non soltanto per il suo aspetto estetico, ma anche per il suo simbolismo. L'Età di Mezzo, infatti, nel suo fiorire fra Trecento e Quattrocento, esploderà in un tripudio di colori e in una passione assoluta per la decorazione, lasciando in eredità opere dense di significato come mai più avverrà, neanche nel periodo barocco.

› Veduta del Palazzo Pubblico e della Torre del Mangia, Siena.

Un altro incredibile spazio è la Sala dei Nove (o Sala della Pace), decorata da Ambrogio Lorenzetti con l'*Allegoria ed effetti del Buono e del Cattivo Governo* (1338-1339): il più grande ciclo in Europa di affreschi laici. Nonostante sia in parte danneggiato, esso rappresenta un ottimo esempio di allegoria politica. La grande composizione mostra le personificazioni di vari concetti astratti (come i Vizi e le Virtù, la Giustizia, la Tirannide) e due paesaggi che rivelano gli effetti sulla città e sulle campagne dei buoni e dei cattivi governatori. L'analisi del *Cattivo Governo* è tutt'altro che ovvia, perché sembra fondarsi sui sette vizi capitali, ma in realtà si articola attorno a due concetti: quello della Tirannide da un lato e quello del Timore dall'altro. Quest'ultimo, rappresentato come un angelo nero, tiene in mano una spada

e sparge paura sulle terre coltivate. L'interno della città ne avverte le prime catastrofiche conseguenze: crollano gli edifici, i balconi si rompono e si accumulano i calcinacci. Nella bottega il commerciante è ridotto a vendere quattro stracci, appaiono il crimine e la malattia. La Tirannide, ovvero il governo dell'uomo solo e dispotico, è un diavolo che regna sotto la Superbia, la quale tiene in mano il giogo e la spada, l'Avarizia – secca e vecchia – e la Vanagloria, una giovane che continua a specchiarsi. La Tirannide fa perdere il controllo e l'autonomia alla Giustizia, che siede sconfitta e incatenata ai

› Dettaglio dell'*Allegoria del Buon Governo*, affresco di Ambrogio Lorenzetti, 1338-1339, Sala della Pace, Palazzo Pubblico, Siena.

suoi piedi, accanto alla Frode, al Tradimento, alla Crudeltà, al Furore in versione animale mitologico, alla Discordia e alla Guerra. Il *Cattivo Governo*, ironia della sorte, si è conservato molto meno bene del *Buon Governo* e ha perso alcune tracce di pittura.

Il *Buon Governo* si articola sempre su due pareti: una che illustra la sua istituzionalità, e l'altra gli effetti sulla vita quotidiana. È un autentico corso di diritto costituzionale che prevede una Giustizia equanime ed equilibrata, e la presenza delle Virtù capitali. Il Governo è rappresentato da un'immagine regale che nasce dagli archetipi francesi e dalle più antiche rappresentazioni dei sovrani, con la spada alzata e il globo terrestre in mano (qui trasformato però in scudo che protegge la città). Il Governo amministra sotto il patronato della Fede, della Speranza e della Carità ed è magnanimo, temperato e giusto. Si fonda sulla Prudenza, sulla Fortezza e la Pace, accomodata su cuscini e sulle armi riposte. Il Buon Governo appoggia su Romolo e Remo allattati dalla lupa, dettaglio commovente e simbolo di *pax domestica* totale. Alla base del dipinto altri dettagli: l'esercito senese riconduce in città prigionieri e briganti, e il popolo della democrazia è perfettamente ordinato.

Nell'altra parete il mondo perfetto, dove la città cresce, infinita e coloratissima. Le città del Medioevo non erano affatto grigie come le vediamo noi oggi, ma policrome, come mostrano anche gli affreschi di Giotto ad Assisi. Nella città di Lorenzetti c'è costante equilibrio fra mercanti che escono e merci che entrano, si scaricano i sacchi. Le botteghe sono occupatissime, il negozio di stoffe ha le porte aperte, il maestro fa lezione, gli artigiani vendono calzature, vasi, formaggio, carne, mentre i muratori sui ponteggi costruiscono torrette. Gruppi di donne ballano, una principessa passa a cavallo seguita da un piccolo corteo, alcuni amici chiacchierano e altri giocano a dadi. Il conflitto tra le componenti della società è risolto, e l'angelo che vola sopra le campagne è quello della Sicurezza. Il Buon Governo continua anche in una campagna perfettamente ordinata, molto simile alla Toscana d'oggi: qui cresce la vigna e si raccoglie il grano, si conduce verso la città la Cinta Senese, un suino rustico di razza antica probabilmente già allevato al tempo dei romani. Ma i più fortunati sono, come sempre, i signori, perché democrazia sì, ma con alcune differenze: essi, mentre i più poveri faticano, vanno a caccia. Politica, costume e religione, classi sociali, commerci: tutto è mescolato, ciò che conta è la qualità complessiva del governo.

Un prestigioso palazzo nobiliare

Palazzo Chigi Saracini, edificio grandioso dalla possente torre in pietra, fu costruito verso la metà del XII secolo dall'influente famiglia ghibellina dei Marescotti, subendo in epoche successive sostanziali trasformazioni del suo aspetto originario. Progressivamente, infatti, ingloba altri edifici adiacenti. Nel XVI secolo, viene acquistato dalla famiglia Piccolomini del Mandolo, che lo amplia ulteriormente. Il loggiato esterno acquisisce un aspetto rinascimentale, grazie a decorazioni raffaellesche. Nel 1770 viene acquistato dai Saracini, per poi essere ereditato, quando questa famiglia si estingue, dai Chigi. Nel 1932 l'ultimo proprietario del palazzo, il conte Guido Chigi Saracini, vi istituisce l'Accademia Musicale Chigiana.

L'edificio è oggi un sacrario della musica, ha un salone centrale che è una splendida sala da concerto, e un *sancta sanctorum* contenente moltissimi spartiti originali e foto d'epoca, che ritraggono alcuni dei più grandi musicisti e compositori di tutti i tempi, come Arturo Toscanini e Ruggero Leoncavallo.

Per il resto, il palazzo, ricco di opere artistiche di ogni secolo, ha assorbito tutta la storia che lo ha attraversato, fino al tripudio neobarocco degli anni della Regina Margherita, quando l'Ottocento andava folle per le dorature e i tendaggi. Si può notare anche una sorta di «bulimia da collezionista», come in una stanza che custodisce, dietro a un doppio divanetto di citazione parigina, una coppia di lussuosissimi scrigni cinesi laccati in oro e smalto nero, posati su basi ad alto tasso di fantasia: un cervo e un cavallo dorati finemente decorati. Sopra i due mobili sono riposte preziosissime porcellane cinesi della dinastia Ming.

E poi, ancora, in altre stanze, si trovano opere di artisti senesi e non, quali una *Madonna* del Maestro di Tressa, un trittico del Maestro dell'Osservanza, lavori di Andrea del Brescianino e del Beccafumi, due autoritratti di Salvator Rosa, alcune sculture di scuola donatelliana, maioliche e piatti con decori tardo barocchi. Un luogo prezioso dove l'arte si declina in tutte le sue sfumature, comprese quelle musicali.

Uno scultore, tante influenze…

Jacopo della Quercia, nato a Siena intorno al 1374, tenta una sintesi fra la scultura gotica di Giovanni Pisano e quella francese da una parte, e la classicità dall'altra, assimilata attraverso le nuove scoperte del Rinascimento fiorentino: il suo maggiore interesse si rivolge alle figure, rese monumentali e percorse da una vitalità prorompente. Stilisticamente il suo percorso artistico è il prodotto di una specifica società, quella toscana medievale, ma con influssi di altre aree italiane ed europee.
Da bambino si trasferisce a Lucca con la sua famiglia, e qui entra nella bottega di uno scultore. Nel 1394, dopo aver massacrato di botte un cittadino lucchese e aver tentato inutilmente di entrare nel concorso per realizzare la porta del Battistero di Firenze, l'artista senese va a Ferrara. Qui gli viene commissionata dal camerlengo di Niccolò III d'Este la *Madonna della melagrana* (o *Madonna Silvestri*), che termina nel 1408 circa. Il solido impian-

to volumetrico e la maestosità delle forme rappresentano un omaggio alla cultura figurativa toscana che va da Nicola Pisano a Giotto, passando per Arnolfo di Cambio, ma anche alla scultura gotica dell'Italia settentrionale. Ciò è evidente nella mano della Vergine che regge la melagrana, nella sua acconciatura, nell'annodatura della veste (prova di autentico virtuosismo), oltre che nella linea arcuata del corpo del Bambino che accompagna il morbido panneggio, quest'ultimo una citazione romana ben assimilata. I volti sono eleganti, la dolcezza della Madonna è mistica e severa.

Nello stesso periodo l'artista realizza un altro suo capolavoro, celebre nel mondo: il *Monumento funebre a Ilaria del Carretto*, per la Cattedrale di San Martino a Lucca. In quest'opera scultorea Ilaria, ritratta nel suo sonno definitivo, per quanto sia collocata su una sorta di sarcofago romano perfettamente decorato – probabilmente non di Jacopo ma su disegno suo –, è in una posa molto più francese che italiana. Lo conferma anche la presenza della scultura del cane ai suoi piedi, come accade in tanti monumenti funebri d'Oltralpe, dove i defunti scolpiti hanno quasi sempre i propri animali domestici vicini.

Tra il 1409 e il 1419 l'artista esegue, su commissione della città di Siena, la decorazione scultorea della *Fonte Gaia*, fontana collocata in piazza del Campo. I suoi celebri rilievi originali, molto danneggiati dal tempo e dall'acqua e perciò sostituiti da copie nel XIX secolo, sono stati restaurati e sono conservati oggi nel Museo di Santa Maria della Scala. Per realizzarli, della Quercia utilizza una pietra locale dall'aspetto marmoreo ma dal carattere molto più morbido e delicato, forse utile al rapidissimo intaglio che riprende il gusto dei panneggi che nei due secoli precedenti erano diventati una cifra linguistica senese.

I due lati corti della fontana recano i bassorilievi con la *Creazione di Adamo* e la *Cacciata dei progenitori* e le due statue di *Rea Silvia* e *Acca Larenzia*, mentre in quello più lungo sono collocati la *Madonna col Bambino in trono*, circondata dalle *Virtù* e dagli *Angeli*.

L'impianto della vasca e i temi della decorazione, dall'etica alla religione, onorano la tradizione consueta, mentre le caratteristiche formali dei singoli rilievi sono molto innovative, con una libertà compositiva e una vitalità inedite. La modernità estetica è evidente, per esempio, nella scelta di rappresen-

› Dettaglio del *Monumento funebre a Ilaria del Carretto*, marmo di Jacopo della Quercia, 1406-1408, Cattedrale di San Martino, Lucca.

tare le due donne, Acca Larenzia (la moglie del pastore che soccorre Romolo e Remo) e Rea Silvia (la vera mamma di Romolo e Remo, quella dal destino tragico), a seno nudo, segno di grande liberalità. Le due statue riescono a essere rinascimentali, e in qualche modo ad anticipare già certe eleganze del Manierismo, portando comunque con loro l'antica anima gotica.
Contemporaneamente, però, è anche presente un'attenta citazione della Roma antica: Acca Larenzia indossa una scarpa dal doppio infradito, calzatura usata solo in epoca antica. Inoltre, i giovani Romolo e Remo sono rappresentati come cicciottelle figure bacchiche, emblemi di una Roma arcaica, allegra e paffuta.
La statua di Rea Silvia ricorda invece una Madonna e appare con un volto severo e un panneggio classicissimo. I figli, sempre piccini, hanno qui dei visi preoccupati che ricordano i volti dei grandi senatori romani.

Tra il 1417 e il 1430, l'artista diventa il regista di un complesso progetto di scultura bronzea di formelle, tappa fondamentale nel passaggio dalla scultura gotica a quella rinascimentale: il fonte battesimale del Battistero collocato all'interno del Duomo di Siena. L'operazione è affidata ai migliori scultori dell'epoca, tra gli altri, Donatello, Lorenzo Ghiberti e Giovanni di Turino.
L'opera è composta da una vasca a forma esagonale sui cui lati sono poste formelle bronzee dorate con le *Storie del Battista*, intervallate dalle rappresentazioni delle *Virtù*. Un pilastro al centro regge un ciborio scolpito su cinque lati con rilievi di *Profeti* di Jacopo della Quercia (sul sesto si trova lo sportello fatto di bronzo dorato e smalti con la *Madonna col Bambino* di Giovanni di Turino) e sormontato da quattro putti bronzei e dalla statua marmorea di *San Giovanni Battista*, anch'essa dello scultore senese.

La strada artistica di Jacopo della Quercia è totalmente autonoma e non avrà emuli, in quanto Siena, la sua città, in quel Quattrocento glorioso per la Penisola inizia un inesorabile declino, e i suoi protagonisti migliori troveranno la strada del successo a Roma, come Enea Silvio Piccolomini, futuro papa Pio II, Agostino Chigi, banchiere, imprenditore e mecenate, fino ad arrivare alle soglie del Seicento, con il Borghese che diventa papa Paolo V.

› Fonte battesimale del Battistero di San Giovanni, Duomo di Siena.

MINE PATRIS ET FILII ET SPIRTVS SANCTI

CAPITOLO 9

Roma

Dalla gloria dei papi allo splendore di Villa Borghese

Caput mundi

Visitare Roma tra la fine del Quattrocento e il Settecento significa, innanzitutto, fare la conoscenza dei suoi papi: il libertino Alessandro VI, padre del terribile Cesare Borgia, e il francescano Giulio II, che accende di capolavori il Vaticano; il fragile Clemente VII, che vede «rompersi» un mondo, e il suo successore Paolo III, che ne vede nascere un altro; il letterato Leone X, che intrattiene una memorabile corrispondenza con Erasmo da Rotterdam, e il coltissimo Benedetto XIV, che scrive amichevolmente a Voltaire mentre ne mette all'indice l'opera. Insieme, danno vita a uno straordinario racconto, in cui il Rinascimento, giunto al suo apice, si trasforma nel Manierismo, prima, e poi nel Barocco e nel Rococò, per sfociare infine nel Neoclassicismo e nella Roma cosmopolita del Grand Tour.

È in questo contesto che prendono vita la rivalità tra Michelangelo e Raffaello, il sacco dei lanzichenecchi, la metamorfosi di Castel Sant'Angelo da mausoleo a fortezza e prigione a sontuoso palazzo farnesiano. Mentre la Controriforma «mette le mutande» alla Cappella Sistina, nasce la prima grande collezione privata, voluta da Scipione Borghese, che arriverà a racchiudere l'incredibile parabola dell'Urbe, dall'antichità ai tempi di Paolina Bonaparte.
Perché c'è un filo rosso che rende unica la storia artistica e architettonica di Roma. Forse ha a che fare con il suo essere *caput mundi*, con il profondo rapporto che intesse tra bellezza e politica, tra presente e passato, tra la forza inossidabile dello *status quo* e la potenza immaginifica della fantasia.

La più bella galera del mondo

Castel Sant'Angelo ci permette di approfondire la seconda fase del Rinascimento italiano. Perché è il luogo centrale dell'allora *spoils system*, quella pratica politica tuttora esistente in virtù della quale si cambia tutta la classe amministra-

› Veduta della Basilica di San Pietro, Roma.

tiva ogni volta che cambia il governo. Nel Rinascimento si chiama nepotismo: poiché ci si poteva fidare solo della propria famiglia, era nell'ambito del mondo dei nipoti, dei cugini e dei parenti che si sceglieva la nuova classe dirigente. La fortezza di Castel Sant'Angelo è il satellite militare del simbolo del potere temporale dei papi, cioè San Pietro. Grazie al Passetto di Borgo, il passaggio pedonale sopraelevato lungo circa 800 metri che collega il Vaticano con Castel Sant'Angelo, i pontefici possono infatti rifugiarsi nel bastione in caso di pericolo. I papi di cui parliamo qui sono ben diversi da quelli del Quattrocento, che erano individualisti, veri e propri *self-made men*. Questi del Cinquecento sono di seconda generazione: casate potenti, appena affermate. Sono papi di buona famiglia. La loro storia inizia nel 1492, anno in cui muoiono Lorenzo il Magnifico e Piero della Francesca, in cui finisce il primo ciclo del Rinascimento, in cui inizia il decadimento del Ducato di Milano e, soprattutto, in cui si scopre l'America. La Spagna approda nel Nuovo Continente e neanche si immagina quanto ricca diventerà di lì a poco. Le grandi città del mondo sono solo cinque, due sul continente – Milano e Parigi – e tre sul mare – Venezia, Napoli e Istanbul –, mentre Roma è, tutto sommato, ancora piccolina: ha 40-50.000 abitanti circa.

La più bella e più nota galera del mondo, Castel Sant'Angelo, è nata inizialmente come tomba. La fece costruire nel II secolo d.C. per sé l'imperatore Adriano. Era stata concepita come un'enorme torta rotonda posata su un parallelepipedo, con una collezione di grandi sculture di bronzo e di marmo tutt'intorno. Adriano non si immaginava di aver inventato il prototipo del bunker. L'edificio, uno dei più colossali dell'antichità, era rivestito al suo interno di marmi pregiatissimi, ma era costituito di parti molto semplici: un enorme muraglione cementizio contenente una scala elicoidale che portava a tre celle funerarie una sopra l'altra. Nel Medioevo, durante le costanti risse fra le famiglie romane, si scoprì che la torre era un eccellente rifugio: diventò una fortezza, fu la roccaforte degli Orsini finché il primo papa Colonna, Martino V (1417-1431), all'inizio del Quattrocento, non riuscì a portargliela via e a farla diventare proprietà della Santa Sede. Successivamente, a metà del secolo, papa Niccolò V (1447-1455) cominciò le prime opere di consolidamento e di ammodernamento.

› Statua dell'angelo con la spugna, realizzata da Antonio Giorgetti e posta lungo il Ponte Sant'Angelo che conduce all'omonimo castello, Roma.

Papa Borgia, il libertino

In pieno Rinascimento, durante il pontificato di Alessandro VI Borgia (1492-1503), viene chiamato l'architetto Sangallo il Vecchio per trasformare radicalmente Castel Sant'Angelo. Egli progetta un corridoio diritto che permette di salire dall'esterno alle stanze e alle parti superiori. Il papa compie un'innovazione radicale: Roma è ormai sedata e obbedisce al papato; è ora di riconquistare l'intero Stato Pontificio. Castel Sant'Angelo dovrà essere la nuova chiave del potere temporale; il progetto politico è ambizioso quanto l'architettura dell'edificio, e il Borgia lo affida direttamente al proprio figlio, Cesare.

Cesare Borgia, detto il Valentino

Rodrigo Borgia era un uomo dissoluto e un libertino impenitente e come tale si comportò per tutta la vita: da laico, da cardinale e da papa. Ebbe numerosi figli da varie amanti, tra cui Cesare, detto il Valentino, che fu un vero cattivo, il duca che spazzò via in un colpo solo i Malatesta e i Montefeltro, Rimini e Urbino. In un certo senso l'ideale, il modello del Principe di Niccolò Machiavelli, che può anche essere crudele e temuto. Così è stato Valentino Borgia, anche se poi il suo impero si dissolse nel giro di pochi anni. Dopo la morte di suo padre riuscì a far eleggere al soglio pontificio Francesco Todeschini Piccolomini con il nome di papa Pio III, che però morì subito dopo (il suo pontificato durò solo ventisei giorni, dal 22 settembre al 18 ottobre 1503). In seguito, venne eletto papa Giulio II (1503-1513), che tolse al duca il governo della Romagna, ordinò il suo arresto e la reclusione in Castel Sant'Angelo. Una volta evaso, Cesare Borgia si rifugiò a Napoli, dove fu arrestato e condotto in Spagna, e qui incarcerato. Con una rocambolesca fuga, si recò dal cognato Giovanni III d'Albret, re di Navarra. Morì nel 1507, dopo aver tentato di assediare il castello della città di Viana.

Dalla fortezza papale il pontefice può vedere Roma al di là del Tevere che si sta trasformando e sta diventando il cuore del Rinascimento cinquecentesco: può scorgere, per esempio, Palazzo Riario, l'attuale Cancelleria, che il suo amico, il cardinal Riario appunto, sta costruendo grazie ai soldi sottratti con il gioco d'azzardo al figlio del precedente papa, Innocenzo VIII (1484-1492), Franceschetto.

Può vedere un altro edificio, progettato probabilmente dal Sangallo, oggi Palazzo Venezia, che fu la sede e la residenza dell'ultimo papa veneziano, Paolo II nato Pietro Barbo (1464-1471), il quale ci morì di indigestione. Può osservare il Passetto di Borgo, che gli consente di scappare nelle sue stanze in Vaticano decorate da Pinturicchio; può vedere, dietro le anse del Tevere, il palazzo che si sta facendo costruire quasi in campagna il suo amico Agostino Chigi, affidandone il disegno a Baldassarre Peruzzi e il decoro successivamente a Raffaello: Villa Farnesina.

A Roma la città ideale sta crescendo sulle rovine della città antica, anche se in fondo ad Alessandro VI non importa più di tanto: a lui interessano soprattutto i piani inferiori di Castel Sant'Angelo, quelli delle galere e dei supplizi.

› Cortile interno del Palazzo della Cancelleria, Roma.

L'apoteosi

Giulio II, al secolo Giuliano della Rovere (1503-1513), detesta il suo predecessore Alessandro VI: pochi anni dopo l'inizio del suo pontificato si rifiuta di utilizzare l'Appartamento Borgia e sceglie di far ristrutturare alcuni ambienti al secondo piano del Palazzo Apostolico e di andarci a vivere. Il nuovo papa è uomo molto più rigoroso, è cresciuto francescano, come già era stato generale dei Francescani suo zio Sisto IV. Affida il decoro dei suoi nuovi appartamenti in Vaticano a Raffaello e chiede a Michelangelo di affrescare la Cappella Sistina, quella voluta e costruita proprio da suo zio.

A Castel Sant'Angelo scaturisce l'idea di trasformare San Pietro affidando l'opera della nuova cupola ai disegni di Bramante. Grazie alla loggia che il pontefice si fa costruire sulla facciata di Castel Sant'Angelo per alleggerirne l'aspetto marziale e dargli un'apparenza più rinascimentale si può veder nascere dall'altro lato del fiume la via Giulia su disegni del Bramante.

Giulio II è un papa politico e guerriero, e in un qualche modo continua il progetto del Borgia, cioè quello di ridare alla sede papale il controllo degli Stati pontifici persi durante il Medioevo.

Nella michelangiolesca volta della Cappella Sistina e nel progetto del monumento sepolcrale del pontefice possiamo vedere il carattere militarista di Giulio II. Egli sottometterà Bologna, litigherà con i francesi, con gli spagnoli e con l'impero, ma soprattutto e con maggior piacere con Michelangelo, il quale passerà due anni steso sulla schiena a dipingere la Cappella Sistina e inizierà il progetto funerario più lungo nella storia dell'umanità, la famosa tomba di Giulio II con il *Mosè*.

Michelangelo nasce scultore in un'epoca in cui la scultura è l'arte per antonomasia, perché si paragona al classico, ai cammei, alle gemme, alle sculture antiche; quindi il grande artista deve essere uno scultore. Quando il papa lo chiama, fa il progetto della tomba, che è l'apoteosi della scultura. Non riesce a portarlo a termine per colpa di dissidi e intrighi interni alla corte papale (il monumento verrà realizzato solo anni dopo la morte di Giulio II, tra il 1542

› *Michelangelo a Bologna si presenta a Giulio II*, olio su tela di Anastasio Fontebuoni, XVII sec., Casa Buonarroti, Firenze.

e il 1545). Il pontefice gli chiede allora di dipingere la volta della Cappella Sistina, che è l'apoteosi della pittura.

Intanto, nel 1506, a Roma, all'interno delle Terme di Tito, ha luogo un ritrovamento molto importante per l'evoluzione della storia dell'arte, quello del *Laocoonte*: il primo potentissimo documento visivo che certifica il gusto dell'antichità, insieme alla scoperta delle decorazioni parietali della Domus Aurea di Nerone.
Il *Laocoonte* diventa, per tutti i grandi maestri, Michelangelo compreso, una specie di accademia. Li invita a disputare su due grandi concetti intorno ai quali si misura la sapienza rinascimentale. Primo, la misura del tempo: si chiedono cioè di cosa si tratti, se sia un originale o una copia, se sia un capolavoro sommo arrivato a loro dall'antichità o di derivazione posteriore. Secondo, la misura della tecnica: com'è costruito? È un blocco solo o è aggregato? Non

Michelangelo *vs* Raffaello

All'immensa grandezza estetica delle opere di Michelangelo fa da contraltare una straordinaria fragilità intrinseca dell'artista: egli ha sempre in mente l'idea del non-finito, è ossessionato dalla morte e pensa che non sia possibile in alcun modo portare a compimento l'opera d'arte perché l'arte è insufficiente in sé.
Il suo contraltare è Raffaello, che invece è forte. Egli è un marchigiano costruttivo, capace e tenace, che fa vedere come si deve fare. Dipinge la *Scuola di Atene*, le stanze del papa, le grandi pale d'altare, è sovrintendente all'archeologia, progetta per la città. Raffaello è in effetti la «bestia nera» di Michelangelo, perché è la dimostrazione vivente che la sua ostentazione di potenza, in sé debole, è destinata in qualche modo a cadere.

› *Laocoonte e i suoi due figli lottano coi serpenti*, scuola di Rodi, I secolo a.C., Museo Pio-Clementino, Musei Vaticani, Roma.

LA 2

riescono a capirlo chiaramente. Allora i grandi maestri sono chiamati a fare l'operazione critica per antonomasia: una volta individuato il capolavoro, devono spiegare com'è fatto, e dunque che cos'è.

Per la prima volta gli artisti del Rinascimento hanno un riferimento reale non solo nell'architettura, ma anche nella scultura. La passione per la muscolatura, che scoprirà anche Raffaello in quegli anni, non viene dalla sua emulazione di Michelangelo, ma deriva probabilmente dall'aver visto il *Laocoonte*.

Due Medici a Roma

Papa Leone X (1513-1521), al secolo Giovanni de' Medici, fine di testa e molle di carattere, amerà molto di più le lettere che le arti visive. Memorabili sono i suoi scambi epistolari con Erasmo da Rotterdam. Famoso per la sua cupidigia, è nato lo stesso anno di Michelangelo, nel 1475. Tutti e due hanno frequentato nella stessa epoca i giardini medicei e tutti e due hanno avuto lo stesso insegnante, l'umanista e poeta Poliziano. Solo che, mentre Michelangelo a tredici anni impara a disegnare, Giovanni de' Medici diventa cardinale. Poi Michelangelo conquista la gloria e Giovanni perde i soldi della banca di papà.
Si dice che fu un papa particolarmente simoniaco, cioè capace di vendere benefici ecclesiastici e indulgenze pur di raccogliere denaro. Però, non lo fa solo per le proprie tasche ma anche per sostenere la costruzione della grande fabbrica di San Pietro, ed è proprio durante la più grossa operazione di *fundraising* internazionale lanciata grazie alle indulgenze che Martin Lutero si ribella al lusso romano e affigge le novantacinque proposizioni sulla porta della chiesa di Wittenberg: è l'ottobre del 1517.

Clemente VII (1523-1534), al secolo Giulio de' Medici, è il primo a dare a Castel Sant'Angelo, edificio tutto sommato ancora austero, un tocco di lusso e di eleganza, come dimostra il suo bagnetto decorato a grottesche simili a quelle della Domus Aurea, ma con piccole aggiunte di conchiglie sulle pareti, con l'acqua calda e il riscaldamento. Un'ottima idea, perché è anche l'unico papa costretto effettivamente a rimanere in Castel Sant'Angelo durante il sacco di Roma del 1527 da parte dei lanzichenecchi.

Clemente VII nasce sfortunato, figlio postumo di Giuliano de' Medici, che era morto assassinato per salvare Lorenzo il Magnifico, suo fratello, durante la congiura dei Pazzi.
È delicato, fragile e frettoloso e gli capita ogni sorta di avversità: Roma è alluvionata perché straripa il Tevere ed Enrico VIII d'Inghilterra, pur di divorziare dalla moglie spagnola, divorzia anche dalla Chiesa. Sotto il suo pontificato il Medioevo cattolico si rompe definitivamente.

Il tesoro di Castel Sant'Angelo

Paolo III, al secolo Alessandro Farnese (1534-1549), a Castel Sant'Angelo non ci abiterà mai. La situazione politica è ormai sotto controllo, non ha bisogno di protezione. La fortezza non gli serve come tale, ma come forziere. E decide di portare qui la sua sala del tesoro. Inoltre, il pontefice si fa costruire in Castel Sant'Angelo l'appartamento papale e lo fa decorare dal principe dei pittori raffinati, squisiti e garbati che è Perin del Vaga, proveniente dalla scuola di Raffaello. Il salone centrale è clamoroso: tutto si confonde, come l'immagine di san Michele arcangelo insieme a Costantino. Le grottesche diventano un autentico stile decorativo e sono un sunto elegante e sofisticato dell'evoluzione massima del Rinascimento, che è già Manierismo. A riprova del fatto che le stanze sono di apparenza e apparato, non c'è riscaldamento, i camini sono finti e la loro bocca è occupata da due babbuini dipinti.
Con gli appartamenti farnesiani avviene il rilancio colossale di uno spazio come Castel Sant'Angelo, che da fortezza militare diventa castello-simbolo della maestosità della produzione artistica.

Il collezionista

Cinquantasei anni dopo la morte di papa Paolo III Farnese sale al soglio pontificio un uomo appartenente alla nobile famiglia Borghese, i cui membri si chiamano tutti, curiosamente, o Camillo o Marcantonio o Scipione. È una famiglia che, come molte famiglie aristocratiche, deve la sua gloria e fortuna

CONSPICIVNTVR
QVAE OLIM INTRA HANC ARCEM COLLAPSA

al pontefice. Il primo Borghese del Cinquecento si era trasferito da Siena a Roma per fare l'avvocato concistoriale e qui si era sposato. Suo figlio Camillo fa veramente fortuna e carriera e diventa, appunto, papa Paolo V (1605-1621). Il pontefice ha un nipote, Scipione Caffarelli Borghese, il quale sarà «cardinal nepote», una funzione molto precisa nel sistema amministrativo della Chiesa di allora: è come un primo ministro o un ministro degli Esteri che precede, per esempio, il papa nel ricevere le ambascerie o nel fare qualunque azione che poi il pontefice conclude.

A Roma ogni nuova famiglia di papa ha la necessità oggettiva di avere un proprio palazzo, una sede di rappresentanza, una villa fuori porta, una sua collezione. Il cardinal Scipione intraprende quindi un'intensissima committenza architettonica, dando contemporaneamente l'avvio a una sistematica acquisizione di opere d'arte che avrebbero reso la sua collezione una delle più grandi dell'epoca: nasce, all'interno della splendida Villa Borghese, la Galleria Borghese.

Il cardinale è fine di testa e di gusti e fa ciò che fanno tutti allora a Roma, ma lo fa in grande. Diventerà un incredibile collezionista di antichità e di statue. Molte delle opere che sono confluite nella prima collezione di questo museo sono state recuperate durante vari scavi realizzati a Roma in occasione dell'edificazione di chiese o della realizzazione di fondamenta per ville aristocratiche.

Secondo il gusto dell'epoca il cardinale Scipione combina antico e moderno: chiama Pietro Bernini per creare una curiosissima e straordinaria scultura composta da un cavallo romano vero, d'epoca, nato insieme alla lastra di pietra sulla quale poggia e originariamente appartenente a un trionfo, e da un cavaliere nuovo di zecca. *Marco Curzio si getta nella voragine* (II secolo d.C.; 1617) diventa così un oggetto tipico della cultura barocca, fondata sulla capacità di comporre elementi eterogenei in un percorso unico.

Il cardinale, ovviamente, compra anche arte a lui contemporanea. Il marmo può essere preziosissimo, come quello nero antico dell'*Allegoria del sonno* (1635-1636) di Alessandro Algardi, raffigurante un putto che dorme sopra il proprio ghiro. I marmi affascinano per il loro colore, ma possono anche essere rigorosamente «carrarini» e bianchi, come nella serie di capolavori che il cardinale commissiona al figlio di Pietro Bernini, Gian Lorenzo, come *Apollo e Dafne* (1622-1625) o il *David* (1623-1624).

› Interni affrescati di Castel Sant'Angelo, Roma.

Avidità di sapere e possedere

Il collezionismo fra Manierismo e Seicento diventa la pratica quotidiana dei ricchi d'Europa. È collezionista Rodolfo II d'Asburgo, è collezionista il cardinale Federico Borromeo a Milano, sono collezionisti i nobili romani, è collezionista Cosimo de' Medici, che a Firenze apre fra il 1570 e 1580 il Museo degli Uffizi, sono collezionisti i clienti e i protettori di Caravaggio, cioè il cardinal del Monte e la famiglia Giustiniani. Questo collezionismo è un misto di avidità del sapere e del possedere, ma è anche il segno dell'affermazione delle famiglie. Oltre ad aver generato l'identità culturale specifica delle varie Italie, delle varie zone d'Italia, che sono ancora riconoscibili attraverso le loro collezioni, così come lo sono dallo stile delle case, dei palazzi e delle piazze.

Bianchi forse lo sono per rifarsi proprio all'antico. La rivoluzione berniniana è totale ed è dovuta ovviamente al genio dell'artista e a un motivo in particolare: la soluzione alla questione posta dalla richiesta di assoluta moralità della Controriforma e dalla voglia di vivere. E come? Combinando le due cose insieme: nel *Ratto di Proserpina* (1621-1622), per esempio, il pelo pubico, per molti anni eliminato dalle sculture, ricompare, anche se marginale, un po' nascosto dal telo che copre ancora, ovviamente, il sesso; il corpo si torce; le forme vanno a finire in volute infinite e la scultura diventa perfettamente tridimensionale. Non si capisce più da che lato guardarla. O, meglio, la si può guardare da tutti i lati.
La cosa è così curiosa che l'etichetta relativa a quest'opera è collocata dietro la statua, forse proprio per permettere al visitatore di ammirare in modo particolare il gluteo perfetto, la schiena totalmente articolata e il piccolo neo di Plutone, il dio degli inferi colpevole del ratto. E siccome non è più consentita la sensualità diretta degli anni di Michelangelo, se ne scopre un'altra: quella della fisicità precisa delle carni.

› *Apollo e Dafne*, gruppo scultoreo in marmo di Gian Lorenzo Bernini, 1622-1625, Galleria Borghese, Roma.

Galleria Borghese: passioni pittoriche

In questa collezione riordinata, che riassume la vita di tre secoli della famiglia Borghese, andiamo alla ricerca dei dipinti che appartennero effettivamente al cardinale e che ci permetteranno di capire il suo curioso carattere.
Il cardinale Scipione è un grande appassionato di Michelangelo Merisi, il Caravaggio. E si mormora ancora oggi che dietro al rifiuto del convento che aveva commissionato *La Madonna dei Palafrenieri* ci sia stato lui, solo per poter comprare il quadro per se stesso e a meno. Come gli si imputa una forte responsabilità nella questione penale del «caso Caravaggio» dopo l'assassinio commesso dall'artista nel 1606. Forse il cardinale avrebbe potuto concedergli la grazia: era allora in una posizione politica equivalente a quella di un ministro di Grazia e Giustizia. Si pensa che il Merisi gli abbia perfino inviato uno dei suoi ultimi dipinti, il più drammatico, nella speranza di ottenere il perdono: *David con la testa di Golia* (1609-1610). Il pentimento e l'angoscia dell'artista si possono comprendere dalla macabra e tragica identificazione di quest'ultimo nella testa mozza del gigante Golia, tenuta per i capelli dal giovane David.
La grazia di Scipione Borghese non arrivò mai, forse perché Caravaggio morì prematuramente in circostanze misteriose nel 1610 o forse perché il cardinale voleva comprarne le opere sfruttando la precaria condizione dell'artista.

Uno dei quadri della galleria che rappresenta al meglio la passione collezionistica che pervade tutta l'Europa in quegli anni è *La bottega di un antiquario* (XVII secolo) di Frans Francken il Giovane, pittore nato e morto ad Anversa, contemporaneo del cardinale. L'opera non è stata dipinta per un committente, ma è stato comperata da Scipione Borghese forse per il suo titolo.
Altro dipinto che piace moltissimo al cardinale è *La fuga di Enea da Troia* (1598) di Federico Barocci, sempre a lui contemporaneo: Enea che fugge da Troia con il padre sulla spalla e che verrà ripreso per affetto da Bernini pochi anni dopo nel gruppo scultoreo *Enea, Anchise e Ascanio* (1619), anch'esso presso la Galleria Borghese.

› Dettaglio del *Ratto di Proserpina*, marmo di Gian Lorenzo Bernini, 1621-1622, Galleria Borghese, Roma.

Uno dei dipinti forse più famosi della collezione è *La caccia di Diana* (1616-1617) di Domenico Zampieri, il grande Domenichino. Si dice che per acquistare quest'opera, già destinata al cardinale Aldobrandini, suo odiato concorrente perché cardinal nepote del papa precedente, Scipione abbia fatto incarcerare l'artista, pur di ammorbidirlo e renderlo disponibile alla vendita. Un collezionista convinto che si vede portar via davanti al naso una meraviglia come questa da un suo rivale è capace di tutto. E che dire poi del povero Cavalier d'Arpino, pittore non eccellente ma cuore della mondanità manierista romana, il quale finì in galera e si vide confiscare tutti i dipinti dello studio dal pontefice, che poi li donò alla collezione del nipote? Ecco quindi arrivare nella galleria *Il calvario* (1592-1594), la *Fuga in Egitto* (1595 circa), il *Ratto di Europa* (1603-1606 circa) e *Alessandro Magno* (prima metà del XVII secolo).
Per mettere le mani sulla *Deposizione di Cristo* (1507) di Raffaello, che da sola potrebbe costituire un museo, possiamo quasi capire che Scipione Borghese abbia inventato un trafugamento notturno dalla chiesa di Perugia per portar via la tavola senza che nessuno se ne accorgesse. In un secondo tempo lo zio, Paolo V, fece sapere ai frati proprietari dell'opera che il trafugamento era stato necessario perché il cardinal nepote ne aveva proprio bisogno per la sua devozione religiosa.
In realtà questo dipinto allora aveva già più di cent'anni e portarselo via equivaleva a ciò che potremmo fare noi oggi per rubare un'importante tela impressionista e appenderla in casa. Perché il cardinale, proprio come un collezionista dei giorni nostri, compra l'antico – cioè tutto ciò che è romano – e compra l'arte moderna, cioè quella che dal Rinascimento arriva alla sua contemporaneità. Per esempio, il dipinto di Tiziano *Venere che benda Amore* (1565 circa) per lui ha già una sessantina d'anni, e anche *Amor sacro e Amor profano* (1515-1516), sempre di Tiziano, che già allora più che un dipinto è un mito, un capolavoro assoluto, il Borghese lo trova sul mercato.
Il gusto del collezionare porta il cardinale ad acquisire anche il *Cristo benedicente* di Marco d'Oggiono, della fine del Quattrocento. E ovviamente non può mancare un dipinto lungamente considerato autografo di Leonardo, che costituisce in realtà una delle copie più significative della perduta *Leda*: *Leda col cigno* (1510-1520) Oggi nessuno considera più quest'opera un di-

› *Davide con la testa di Golia*, olio su tela di Caravaggio, 1609-1610, Galleria Borghese, Roma.

pinto originale, ma possiamo capire l'ovvio motivo per il quale piacesse così tanto al cardinale: è incredibilmente sexy.
D'altronde, in quanto a carne, la volta affrescata tra il 1624 e il 1625 da Giovanni Lanfranco raffigurante il *Concilio degli Dei* non scherza per niente. Qui, infatti, i corpi delle divinità, sorretti da nuvole, sono per lo più nudi e quasi erotici. E che cosa pensare del delicato voyeurismo del dipinto di Lavinia Fontana in cui Minerva è presa proprio nell'attimo in cui sta per vestirsi (*Minerva in atto di abbigliarsi*, 1613) o dei fremiti di *Amore e Psiche*, realizzati da Jacopo Zucchi nel 1589, quindi in piena Controriforma (come si può capire dal fiore che copre con cortesia il sesso)?
Altro esempio di sensualità è offerto da un dipinto di Cigoli, *Giuseppe e la moglie di Putifarre* (1610) nel quale anche i temi biblici riescono a diventare laici: lei è bella, discinta, e con la calza tirata giù fa vedere in bella vista la giarrettiera.

Il cognato di Napoleone

Verso gli anni Settanta del Settecento inizia la seconda fase della collezione, con il principe Borghese Marcantonio IV. Non è più tempo di raccolte disordinate, è tempo di catalogazione.
Forse tutto inizia quando il coltissimo cardinale Lambertini di Bologna diventa papa Benedetto XIV (1740-1758). È lui a chiamare Johann Joachim Winckelmann a Roma come direttore delle biblioteche prima e come direttore delle raccolte archeologiche dopo, che diventeranno un'autentica accademia archeologica. Questo gusto dell'ordinare è contemporaneo alla catalogazione del sapere universale che in Francia stanno facendo Diderot e d'Alembert in vista dell'*Encyclopédie*.
Fra il 1770 e il 1790 arriveranno in molti, a Roma, a vedere questa storia catalogata: Jacques-Louis David, che ha partecipato al Prix de Rome nel 1775 e nella Città Eterna starà cinque anni, Johann Wolfgang von Goethe, che si commuove

› Nelle pagine precedenti: *Amor sacro e Amor profano*, olio su tela di Tiziano, 1514-1525, Galleria Borghese, Roma.
› *Leda col cigno*, tempera grassa su tavola di un pittore leonardesco, 1510-1520, Galleria Borghese, Roma.

davanti alle antichità. Per tutti e due l'antico non è più citazione, ma è la metabolizzazione moderna del passato e dei suoi valori. Quando David rientra in Francia dipinge *Il giuramento degli Orazi* (1784), la *virtus* romana che riprende vita per la rivoluzione, mentre Goethe tornerà in Germania a fare il pensatore romantico. A Villa Borghese, fra il 1770 e il 1786, Antonio Asprucci inventa ciò che noi oggi chiamiamo l'*interior decoration*, cioè la capacità di fondere insieme un arredamento completamente rinnovato e le collezioni già presenti. Il vecchio assetto seicentesco viene cancellato da un gusto settecentesco trasversale e neoclassico. Luigi Valadier realizza tavoli in marmo, che si accordano alla perfezione con i pavimenti. Il figlio Giuseppe disegna bellissimi vasi e li colloca

fra i busti dei dodici Cesari, che sono sì antichi, ma talmente realistici da fare espressioni contemporanee: Nerone, per esempio, sembra un ragazzaccio di cattivo umore, mentre Agrippa assomiglia a un divo di Cinecittà.
Il vecchio e il nuovo si compongono in un equilibrio magistrale.
Il gigantismo dell'oggetto e dell'architettura diventa protagonista: all'ingresso, nel Salone di Mariano Rossi, una testa colossale (alta quasi un metro e mezzo) di divinità femminile, romana antica, si inserisce perfettamente in una parete dipinta, dove le grottesche sono costellate di animaletti – pavoni, pettirossi, furetti – realizzati da un pittore tedesco. Sul soffitto, Mariano Rossi cita Bernini dopo centocinquant'anni riprendendo esattamente il tema della Verità svelata dal Tempo. La sua volta, eseguita tra il 1775 e il 1779, celebra la civiltà romana e l'eroica virtù dell'onore. Al centro è raffigurato *Romolo accolto nell'Olimpo da Giove per propiziare la vittoria di Furio Camillo contro Brenno re dei Galli*. La scelta del tema è da collegarsi anche alla nascita del primogenito di Marcantonio IV, Camillo, avvenuta l'8 agosto 1775, che poi sposerà Paolina, sorella di Napoleone. Intorno al motivo principale figurano *Giustizia, Fedeltà, Onore che trionfano grazie all'azione del Tempo sui vizi* (Calunnia, Inganno e Falsità), *la Fama di Roma e le sue vittorie* (a queste alludono gli episodi ai margini dei lati lunghi della volta).

Nella Sala dell'Ermafrodito torna di moda un'arte scomparsa da un secolo e mezzo e di cui i parenti antichi erano molto ghiotti: il mosaico romano tradizionale, rimesso in voga fra Cinquecento e Seicento, ovviamente di origine archeologica.
Qui anche le antichità devono obbedire alle regole dell'arredamento: una statua di divinità femminile con delfino avrà diritto a una testa nuova per apparire intatta, mentre la testa di Kore del V secolo a.C. ha un busto moderno per andare in *pendant* con il busto vicino, accanto a una straordinaria vasca di epoca imperiale in porfido egizio.
Il pavimento è un grande mosaico di epoca romana – tra la fine del II e gli inizi del III secolo d.C. – raffigurante scene di pesca. Una parete ricorda invece un tempio sorretto da statue, ma con le proprie specificità, ovvero due putti assolutamente rococò posati sotto a un piccolo dipinto. Quest'ultimo rappresenta

› Villa Borghese, Roma.

una figura nuda di schiena ed è sorretto da preziose colonne in marmo giallo che proviene da terre fra Egitto e Tunisia. Il tutto vicino a *Ermafrodito addormentato*, frutto della composizione di un Ermafrodito realizzato nel II secolo d.C. con un materasso eseguito nel 1774 da Andrea Bergondi. Questa scultura si ispira a quella omonima realizzata parzialmente da Bernini, collocata in origine alla Galleria Borghese e successivamente spostata al Louvre a seguito della campagna d'Italia di Napoleone a fine Settecento.
L'Ermafrodito, nudo e disteso, è ripreso in un momento di intimo riposo, con una lieve torsione del busto rispetto al bacino sollevato che suggerisce un movimento nel sonno. Vengono a crearsi così due lati di visione, uno nel quale lo spettatore ne osserva i fianchi, i sinuosi glutei e il viso, e un secondo, opposto, in cui se ne rivela la duplice natura, maschile e femminile.

La parte più inattesa è la Sala egizia: è quella più curiosa perché è un'anticipazione clamorosa dei gusti dell'egittomania. Qui si va a giocare nei meandri della storia, reinventandola. Troviamo una statua di Iside con arti e testa rifatti, ma con la parte del panneggio che è ellenistica: l'autenticità dell'origine si riconosce grazie a un bellissimo nodo sulle vesti – che si chiama proprio nodo di Iside. E poi, una scultura di Kore alla quale viene regalato un sistro nuovo perché possa diventare sacerdotessa.
Sul soffitto ci sono gli affreschi di Tommaso Conca, un pittore che riesce a combinare l'immagine degli antichi dèi egizi con personaggi della nostra mitologia, greco-romana e rinascimentale: Urano con la testa di Anubi, putti che infiocchettano gli dèi della piramide con fiorellini da festa campestre, una Cariatide svogliata che solleva le dita dei piedi per arieggiarli, altri putti svolazzanti che fanno scontrare le epoche e che passano irriverenti il filo rosso nella bocca del dio-bue Api. Quest'ultimo ricompare nel ciclo di pitture, sempre di Conca, che illustra la vita e la morte di Marco Antonio, il comandante romano amante di Cleopatra. I dipinti sono posti sopra una serie fenomenale di geroglifici, molto teatrale e di totale fantasia. L'archeologo ed egittologo Jean-François Champollion non ha ancora decifrato la Stele di Rosetta: i geroglifici di Galleria Borghese sono quindi una scrittura puramente immaginaria, un'invenzione misteriosa, ribadita anche dalle

› *Ermafrodito addormentato*, corpo realizzato da artista ignoto del II d.C., cuscino e materasso di Andrea Bergondi, Galleria Borghese, Roma.

raffigurazioni degli ibis con una vespa che ronza attorno alla loro testa, la civetta e un intrigante triangolo che sembra appartenere ai simboli della massoneria illuminista.
La voglia di riordinare l'interno diventa una voglia di riordinare anche il paesaggio, così Asprucci si dedica ai giardini, che vengono riprogettati con rovine antiche, vere e inventate – come il Tempietto del Lago o Tempietto di Esculapio. Viene chiamato Jacob More, pittore scozzese, con l'incarico di disegnare un giardino in stile inglese. Egli distrugge il bellissimo giardino dell'antenato Scipione e gli dà il sapore romantico. Qui Goethe passeggerà a lungo.
Tutte le storie hanno un loro crepuscolo. E la storia della Galleria Borghese ce l'ha con Camillo, figlio di Marcantonio IV. Siamo agli inizi del XIX secolo. Lui ha lo stesso nome, curiosamente, del papa che portò la sua famiglia alla

gloria. È rivoluzionario e bonapartista, e la cosa in qualche modo gli provocherà grandi gioie ed enormi dolori, perché diventerà il cognato di Napoleone Bonaparte, sposando Paolina, la più allegra delle sorelle. Camillo rappresenta la fase terminale del collezionismo: anche lui continua a comprare, per esempio la bellissima *Danae* (1530-1531) di Correggio, ma alla fine si fa convincere dall'astuto cognato imperatore a vendere alla Francia molti pezzi scultorei della collezione antica, che vengono quindi trasferiti al Louvre.
Nonostante l'incombenza francese nelle sorti della Collezione Borghese, nel 1833 il principe rinnova l'istituzione del vincolo fidecommissario, che attribuisce l'uso di una proprietà a un erede, ma non gli consente di venderlo né di dividerlo, preservando la quasi integrità della collezione fino all'acquisto, nel 1902, della Galleria da parte dello Stato italiano.

Cosmopolitismo romano

Il Settecento: il secolo dell'Illuminismo contro l'assolutismo, della tolleranza contro il dogmatismo, dell'eguaglianza contro la casta nobiliare, dell'esperimento e della scienza contro il pregiudizio e la superstizione. L'Illuminismo si fa iniziare con il *Saggio sull'intelletto umano* di John Locke, in Inghilterra. Centrale è la pubblicazione dell'*Encyclopédie* di Diderot e d'Alembert fra il 1751 e il 1772. Collaborano Rousseau e Voltaire, i quali muoiono tutti e due nel 1778.
A Roma i protagonisti dell'epoca sono, ancora una volta, i papi, tutti selezionati fra le migliori e più antiche famiglie d'Italia, a partire da Clemente XI Albani, eletto durante l'anno Santo (1700) proprio mentre muore l'ultimo degli Asburgo e sta per scatenarsi la guerra di successione di Spagna. Tutto sommato, mentre l'Europa combatte, gli Stati della Chiesa se la godono. Il potere di Roma cala, ma la sua influenza cresce. Il papato sta inventando la nuova via del potere: la diplomazia. Strumento ne è anche l'esaltazione delle arti, della musica, del teatro, dell'architettura.

Simbolo della Roma di sempre è, sicuramente, la Fontana di Trevi. Voluta dal fiorentino Clemente XII Corsini, iniziata nel 1732 e conclusa sotto il pontificato del bolognese Benedetto XIV. È in realtà una straordinaria scenografia

inventata dal figlio di Giovanni Paolo Pannini, Giuseppe: il Settecento al culmine della sua pura teatralità. Riprende i famosi tritoni di piazza Navona, proprio perché il Settecento è la declinazione ultima delle grandi scoperte del Barocco. Un'architettura che cresce seria e severa sulla follia della scenografia. Un'esasperazione tardo-secentesca sotto le stoffe contorte con le quali si ricopre il corpo di Oceano. Una passione neoclassica che si può trovare anche nel resto della città. Il passaggio dalla Fontana di Trevi a San Giovanni in Laterano e a Santa Maria Maggiore è automatico.

In questi anni l'architettura romana subisce gli influssi di diversi stili che si susseguono e, spesso, si fondono. La facciata di San Giovanni in Laterano, progettata dall'architetto Alessandro Galilei per Clemente XII, ne è un'eccellente testimonianza. Qui infatti stupisce il confronto fra il rigore neoclassico dell'architettura e lo sfarfallio delle statue volute dallo stesso Galilei e che rappresentano figure in una sorta di movimento assolutamente barocchetto.

› Statua di Oceano nella Fontana di Trevi, Roma.

Sede episcopale del vescovo di Roma, è la Chiesa più importante del mondo: «*Omnium urbis et orbis, ecclesiarum mater et caput*», «Madre e capo di tutte le chiese di Roma e del resto del mondo». L'interno ha subìto ogni evoluzione possibile, dal tardo gotico al Barocco borrominiano e alle statue svolazzanti. Ben diverso l'intervento su Santa Maria Maggiore, dove permane il vecchio campanile tardo-medievale, ma restano anche tutte le tracce dell'evoluzione storica. L'architetto Ferdinando Fuga è in polemica con Alessandro Galilei perché ha perso il concorso di San Giovanni in Laterano. Per il progetto di Santa Maria Maggiore pensa a un palazzo, inventando uno stile diverso, che non sarà affatto serio e ieratico, bensì un esempio di barocchetto leggero, caratteristico del periodo tra la fine del Seicento e la metà del Settecento, mentre l'interno rimane un esempio di classicità perenne, quella basilicale del V secolo, con le colonne perfette. D'altronde siamo negli anni di Benedetto XIV e le cose stanno cambiando radicalmente. Tutto si muove nell'architettura, ma si muove anche nelle vesti delle statue, che sembrano molto più profane che ecclesiali. Appaiono i putti e i santi si caricano di *pathos* romantico.

La Roma del Settecento è arrivata sino a noi grazie a dipinti raffiguranti dame di gran lusso che lasciano cadere a terra compromettenti corrispondenze, gentiluomini di vecchio cognome e cardinali finemente letterati, come il *Ritratto del cardinale Francesco Landi Pietra* (1743 circa) di Francesco Trevisani, bambini nobili di casa Ruspoli che posano per raffigurare i cinque sensi (*Allegoria dei cinque sensi* di Sebastiano Ceccarini, del 1748) e, ancora, le più belle «cartoline postali» della Città Eterna, come quelle realizzate da Caspar van Wittel. Un mondo che anche Giovanni Paolo Pannini racconta alla perfezione, una perfezione così precisa che la dimensione stessa del quadro sembra fatta per la televisione di oggi. La sua *Galleria di vedute di Roma moderna* (1759) è un quadro formidabile dove lui, paesaggista, appende alle pareti i propri paesaggi, quelli che raccontano la Roma dei suoi anni. Fa da *pendant* a questo dipinto la *Galleria di vedute di Roma antica* (1758), che rappresenta la Roma dell'archeologia, quella che vengono a visitare i turisti più geniali e più sofisticati del mondo, come Goethe e i suoi compari del Grand Tour. Una Roma dove abbonda lo straniero, come Jean-François de Troy, che nasce a Parigi ma qui viene a morire nel 1752, o il suo parente visivo stretto, un altro francese sempre nato a Parigi, dal curioso cognome polacco, Slodtz, ma dal nome invece perfettamente francese, René-Michel, che cambia proprio a Roma in «Michel-Ange», Michelangelo.

Sempre Pannini ci racconta della grande festa che si tiene nel 1747 al Teatro Argentina per le nozze del Delfino di Francia, raffigurante tantissimi preti seduti – quelli che contano hanno la papalina rossa, quelli d'ordinanza e d'amministrazione nera – e perfettamente serviti di vino e acqua.

Pannini è veramente il protagonista dell'epoca. L'anno prima aveva dipinto *Carlo di Borbone visita il papa Benedetto XIV nella Coffee House del Quirinale*, quella che si era fatto costruire Benedetto XIV da Ferdinando Fuga. Il pontefice, il tattico bolognese al secolo Prospero Lorenzo Lambertini, è rigoroso e illuminista, protettore dell'Accademia del Nudo a Roma e di quella delle Scienze a Bologna, che scambia lettere amichevoli con Voltaire mentre mette all'indice i suoi scritti insieme a quelli di Diderot. La Coffee House è in realtà una palazzina minima ed elegante, piccolo gioiello dell'ultimo momento del rococò, ma di un rococò che, essendo a Roma ed essendo papalino, a sua volta è sempre pieno di citazioni così classiche da anticipare già il Neoclassicismo che nasce di lì a pochi anni.

Dentro, tra una stanza e l'altra, ci sono alcune immagini straordinariamente curiose, come la *Piazza del Quirinale* (1733) prima del traffico automobilistico ma con un folto traffico di carrozze e una presenza costante del rosso cardinalizio, una delle solite acute visioni di Pannini che viene ripresa anche nella *Veduta di piazza Santa Maria Maggiore* (1741-1743). Altri esempi che dimostrano quanto i vedutisti siano capaci di essere in realtà narratori di storie.

CAPITOLO 10

Roma

L’architettura del Novecento

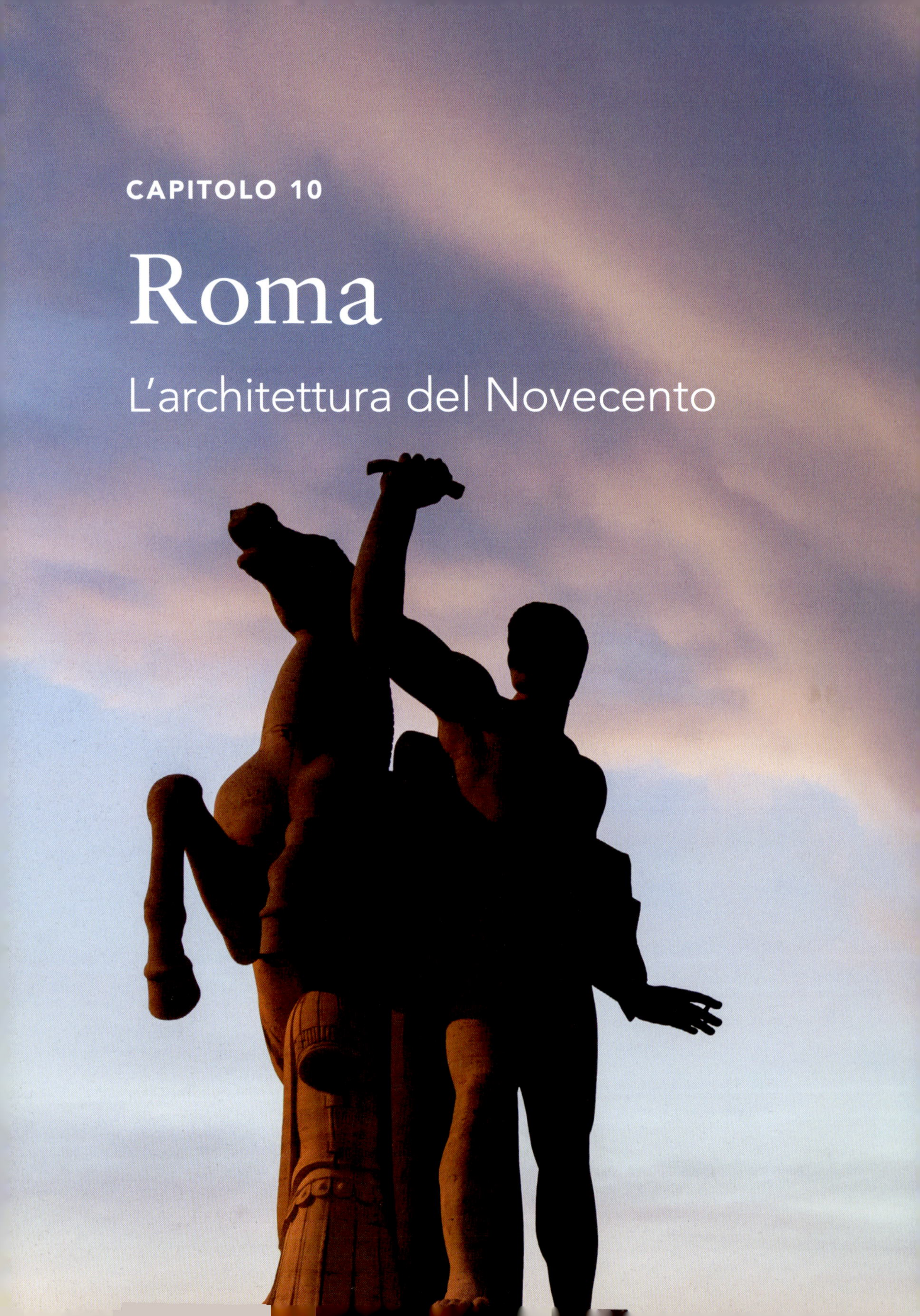

Architettura e potere

L'architettura è, tra le varie arti, quella che più interpreta – e rispecchia – il potere. Stupisce e intimidisce, trasmette messaggi, è una forma di propaganda. Nella prima metà del Novecento, comunismo, nazismo e fascismo se ne servono per creare una scenografia che li rappresenti. In Italia, lo stile razionalista corre parallelo all'ascesa di Mussolini e ne diventa il linguaggio preferito, dominando la cosiddetta «architettura di epoca fascista». Un'architettura che da una parte segna una rottura con la tradizione esaltando la modernità e, dall'altra, guarda alla romanità come modello. Il Duce se ne appassiona, intercetta i più grandi architetti sulla piazza – basti pensare a Marcello Piacentini, a Gio Ponti, a Giuseppe Terragni –, avvia grandi progetti, dalla ristrutturazione o creazione di interi quartieri, edifici pubblici, monumenti, alla fondazione di nuove città. Sorgono così il Foro Italico, la Città Universitaria, l'EUR, a Roma, la stazione di Santa Maria Novella a Firenze, la Casa del Fascio di Como, e poi, ancora, Sabaudia, Pomezia, Aprilia...

La predominanza dell'architettura non esclude il contributo delle arti sorelle, dalle sculture di Arturo Martini agli affreschi di Mario Sironi, per non parlare dei fregi, dei mosaici e delle iscrizioni che celebrano il regime e le sue conquiste. Ed è proprio quando questo si consolida che la purezza delle forme geometriche lascia il posto alla monumentalità, come esemplificano bene, a Milano, il Palazzo Mezzanotte, sede della Borsa, e il Palazzo di Giustizia: massiccio, metafisico, terrifico.

Una grande arte tradizionalista e moderna

Senza case, palazzi, edifici non ci sarebbe la città. La città viene fondata, in latino *còndita*, e poi va *condìta* con case, palazzi, edifici e quant'altro. È così che entra in gioco l'architettura.

› Dettaglio di Palazzo dei Congressi, di Adalberto Libera, 1938, EUR, Roma.

Essa, tra le varie forme d'arte, è stata (ed è) quella che più di ogni altra si presta ad andare a braccetto con il potere, inteso come autorità, organizzazione sociale, ordine. Strumento in grado di suscitare ammirazione ma anche intimidazione, l'architettura da sempre veicola un messaggio importante: basti pensare ai monumenti dell'Atene di Pericle o della Roma imperiale, ai castelli fortificati dei potenti signori medievali, ai grandi palazzi barocchi delle monarchie dispotiche del Seicento, agli archi di trionfo Stile Impero voluti da Napoleone... Nel Novecento, furono i tre regimi dittatoriali – nazista, comunista e fascista – ad affidare a quest'arte in particolare il compito di creare una giusta scenografia alla loro esistenza, in vista, naturalmente, della propaganda del loro potere.

In Italia, lo sviluppo industriale arriva in ritardo e la classe borghese che lo sostiene è economicamente ancora debole e culturalmente poco illuminata. Da questa situazione deriva il fatto che tutti gli stimoli e le opportunità di confronto tra arte, industria e artigianato che, a livello europeo, sono alla base dell'Art Nouveau, trovano da noi un'accoglienza più tiepida: il Liberty, per esempio, fiorì, soprattutto in alcune città italiane, ma non si consolidò mai in una vera e propria scuola di riferimento, e finì per rappresentare esclusivamente le classi più abbienti. Anche i grandi progetti futuristi per un'urbanistica nuova, all'avanguardia, di rottura con il passato, finiscono per arenarsi, a causa dello scoppio del primo conflitto mondiale.
Dopodiché l'Italia, all'indomani della Marcia su Roma dell'ottobre del 1922 approda immediatamente a un regime totalitario. A livello architettonico, lo stile razionalista ha iniziato a svilupparsi quasi parallelamente al fascismo, motivo per cui è finito spesso per essere identificato con esso, diventandone quasi l'espressione artistica preferita, anche se sono molti gli stili e le tendenze che caratterizzano gli anni Venti, Trenta e Quaranta e che si influenzano a vicenda, tanto che non si può parlare di una vera e propria «architettura fascista», quanto più di «architettura di epoca fascista». Si può dire infatti che Mussolini non fu l'*inventore* di un gusto, ma il suo *prodotto*, un mito pop in carne e ossa, il che lo portò ad amare e a propagandare l'architettura (in generale) con convinzione, oltre a incontrare alcuni dei più grandi architetti del Novecento italiano,

› Edificio Sogni (originariamente Edificio Bagni), Tresigallo.

SOGNI

fra cui Piero Portaluppi, Adalberto Libera, Enrico Del Debbio, Gio Ponti, Luigi Figini, Gino Pollini, Giuseppe Terragni e Marcello Piacentini.
Ideologicamente, il regime si pone in origine come una forza giovane e rivoluzionaria con l'obiettivo di emancipare l'Italia in senso moderno, portandola nuovamente, anche in termini economici, sul piano delle altre grandi nazioni europee. Analogamente, l'architettura di questo periodo manifesta questa volontà di cambiamento e di rifiuto delle tradizioni, pur con delle eccezioni.
In realtà, infatti, le idee architettoniche in epoca fascista, unitamente all'ideologia del regime, tra le due guerre mondiali, sono complesse e a tratti contraddittorie: da un lato si vuole dare un'idea di nazione nuova, giovane, dinamica, vitale, mentre dall'altro si cerca di esaltare alcuni modelli antichi, in particolare il concetto di «romanità». Mussolini, in occasione di una visita all'Accademia di Belle Arti di Perugia, si esprime così il 5 ottobre 1926:

> Senza l'arte non vi è civiltà. [...] Quando l'Italia era ancora divisa la sua unità era espressa dalla rinascenza dell'arte. L'Italia è un popolo dalle grandi possibilità e si è realizzata quella condizione che tutti i grandi aspettavano, da Machiavelli a Mazzini. Oggi vi è di più: siamo anche per essere uniti moralmente. Ora sopra un terreno così preparato può rinascere una grande arte che può essere tradizionalista ed al tempo stesso moderna. Bisogna creare, altrimenti saremo gli sfruttatori di un vecchio patrimonio; bisogna creare l'arte nuova dei nostri tempi, l'arte fascista.

Se la modernità è l'aspetto rivoluzionario del nuovo potere mussoliniano, è però la tradizione del passato a legittimarlo, e per questo serve un'architettura che sia eterna, resistente nel tempo, per essere ricordati.

In Italia, l'architettura di epoca fascista viene quindi coniugata in una veste duplice, attenta alla storia e all'italianità – e quindi carica di suggestioni, simboli ed elementi propri della tradizione –, senza tuttavia rinunciare ai caratteri di modernità (per esempio, l'impiego, unitamente alla classica pietra, del cemento armato, una vera innovazione).
Per consolidare sia il consenso interno sia il proprio prestigio all'estero, il regime promuove una serie di iniziative di carattere architettonico e urbanistico, principalmente a Roma (ma non solo): vengono ridisegnate intere aree urbane, si costruiscono nuovi edifici pubblici e monumenti, si creano quartieri residenziali e zone industriali, vengono fondate persino nuove città, come Littoria (l'odierna Latina), Sabaudia, Pomezia, Pontinia, Guidonia e Aprilia.

Mens sana in corpore sano

Roma, *caput mundi* dell'impero romano, poi *Urbi et Orbi* della cristianità e infine capitale dell'Italia unita, moderna. L'idea di una «terza edizione» avrà undici anni dopo la Marcia su Roma un epigono lugubre in quell'austriaco che governerà il Terzo Reich... Ma, intanto, la terza Roma – quella che Mussolini affermava si sarebbe dilatata «sopra altri colli, lungo le rive del fiume sacro sino alle sponde del Tirreno» – aveva già iniziato a costruire ovunque.
Nel 1928 viene inaugurata l'Autostrada Roma-Lido (oggi strada provinciale 8 Via del Mare) e la città evolve verso Ostia. Nello stesso anno iniziano i lavori del Foro Italico, quel vasto complesso sportivo che si trova alla base di Monte Mario a Roma e che viene inaugurato nel 1932 con il nome di Foro Mussolini e completato dopo la Seconda guerra mondiale, tra il 1956 e il 1968. Lo scopo di questa complessa costruzione è quello di veicolare un preciso messaggio politico: il famoso *corpore sano*, l'attenzione, cioè, all'educazione sportiva contemporaneamente a un'esaltazione della virilità e della forza fisica allenata dalla disciplina. Progettata dall'architetto Enrico Del Debbio, l'architettura voleva essere moderna e cercava ancora un proprio stile. Il complesso, in origine composto da tre edifici – Palazzo H (di Del Debbio, 1928-1932), sede, all'epoca, dell'Accademia

› Nelle pagine precedenti: Palazzo dei Congressi, EUR, Roma, foto del 1940.
› Scultura di sportivo, Foro Italico, Roma.

fascista maschile di educazione fisica; il Palazzo delle Terme (di Costantino Costantini, 1930-1936), che comprende una serie di piscine coperte, l'Accademia di musica della GIL e l'Istituto superiore di educazione fisica; l'Accademia di scherma al Foro Italico (di Luigi Moretti, 1934-1936) – va poi ad arricchirsi con lo Stadio dei Marmi, lo Stadio Olimpico, il Parco del Foro Italico (che include, per esempio, il Complesso natatorio, lo Stadio del Tennis, la Grand Stand Arena) e tutto l'impianto urbanistico attorno.

Il Palazzo H merita una serie di considerazioni. Composta da due corpi simmetrici a due piani, collegati tra loro da un pontile a formare una pianta a H, la struttura sa ancora molto di quella Milano Déco che trova il suo concetto base nei disegni e nei lavori del milanese Emilio Lancia e in quel primo neoclassicismo ancora di derivazione austriaca. Entro quattro nicchie incorniciate da edicole in marmo che culminano con un timpano triangolare spezzato ci sono altrettante statue di atleti (un *Atleta* generico, un *Giocatore di bocce*, un *Rematore in riposo* e un *Pugile vittorioso*). L'edificio, caratterizzato da una bicromia tra il bianco delle statue e degli elementi decorativi e il rosso dell'intonaco, è un curioso ibrido fra edilizia civile e edilizia pubblica, con un aspetto un po' da fabbrica e un po' da villa lombarda di lusso. E si scopre una cosa bizzarra: che questa architettura fascista di regime è molto più britannico-americana di quanto non si possa credere: lo certifica la *bow window*, che per la prima volta arriva in Italia.

Il secondo passo, dopo aver promosso un corpo sano, è quello di pensare anche alla mente: ecco quindi che l'Università La Sapienza si trasforma, a partire dall'aprile del 1932: nasce la Città Universitaria di Roma. Entra in scena come capo e coordinatore del progetto un solido cinquantenne, Marcello Piacentini, figura particolarmente atipica nella storia dell'architettura perché era solito collaborare con un gruppo di giovani che selezionava di volta in volta per ogni lavoro. Per questo prestigioso incarico egli chiama, tra gli altri, Giovanni Michelucci, Gio Ponti, Giuseppe Pagano, Giuseppe Capponi, lasciando loro libertà di espressione. Piacentini si occupa del Rettorato, l'edificio più istituzionale e importante del complesso universitario. Questo presenta un'evidente monumentalità, dovuta alla sua estensione in larghezza, a un ingresso che ricorda quello di un tempio tetrastilo greco (anche se le classiche quattro colonne sono

› Nelle pagine precedenti: veduta dello Stadio dei Marmi, Foro Italico, Roma.

sostituite da alti pilastri senza capitello). Davanti all'edificio, al centro, si erge protesa verso il cielo, grande, verticalissima e potente la *Statua della Minerva*, realizzata in bronzo da Arturo Martini. Dentro, troverà invece spazio, nell'Aula Magna, il grande affresco *L'Italia tra le Arti e le Scienze* di Mario Sironi (1935). Al trentenne Giuseppe Pagano (nato Pogatschnig), il fascista che passa alla Resistenza e morirà a Mauthausen nel 1945, viene affidata la Facoltà di Fisica, lungo il viale di accesso alla Città Universitaria: progetta un edificio semplice ma elegante. A Michelucci, all'epoca già quarantenne, viene affidato il progetto della Facoltà di Geologia e mineralogia, che lui risolve in chiave puramente razionalista.

All'elegante Gio Ponti viene affidata la Facoltà di Matematica. A Giuseppe Capponi, che morirà giovanissimo nel 1936, viene affidato l'Istituto di Bota-

› Statua di Minerva, bronzo di Arturo Martini, 1933-1935, davanti al Palazzo del Rettorato, Roma.

nica, avveniristico e, per un certo verso, legato all'idea del futurismo architettonico. Una modernità in tutto razionalista, con passione per i materiali vecchi e per quelli nuovi, mescolati insieme.

Dalla funzionalità postale alla celebrazione di Augusto

Nel piano di sviluppo dell'Urbe promosso da Mussolini c'è anche quello di decentrare alcuni servizi – edifici postali, scuole, Case del Fascio, stazioni – in zone più lontane dal centro storico, dove avevano iniziato a sorgere nuovi snodi urbani e quartieri residenziali. Le Poste, considerate luoghi di aggregazione,

centri dei rapporti sociali della città e poli di nuovi affari, seguono vere e proprie regole architettoniche: devono rispondere a precisi criteri di funzionalità e luminosità, in modo che il pubblico si senta perfettamente a proprio agio; ecco, quindi, per esempio, che al centro c'è sempre un salone di accoglienza, spesso arredato con marmi pregiati e decorato con dipinti o mosaici alle pareti.
Per quattro nuovi palazzi postali della capitale viene indetto un concorso tra il 1932 e il 1935, vinto da architetti della nuova generazione: Armando Titta progetta il palazzo di viale Mazzini, Giuseppe Samonà quello di via Taranto, Mario Ridolfi quello concavo-convesso di piazza Bologna e Adalberto Libera e Mario de Renzi quello di via Marmorata, ancora oggi ritenuto un capolavoro di originalità e minimalismo. Quest'ultimo infatti è composto da tre volumi giustapposti che corrispondono a tre diverse funzioni: la parte ellittica è la sala per il pubblico, il corpo di fabbrica a C ospita gli uffici e infine un portico di ingresso accoglie entrambi. Le finestre, inoltre, sono organizzate in maniera diversa su ogni lato dell'edificio.
Tra le iniziative di rinnovo urbanistico, uno dei progetti più eclatanti è il riassetto di piazza Augusto Imperatore, affidato all'architetto Vittorio Morpurgo: l'area circostante il Mausoleo di Augusto viene demolita e, per valorizzare il monumento, vengono costruiti, nel 1938 (per il bimillenario della nascita imperiale), tre nuovi grandi edifici in stile razionalista: i Palazzi dell'INPS. L'Ara Pacis Augustae viene circondata da una struttura in vetro e cemento, che verrà poi rinnovata nel 2006 da Richard Meier e ospiterà anche il Museo dell'Ara Pacis. Il progetto di Morpurgo considera questo spazio come un moderno «foro romano», in pieno recupero della retorica fascista orientata all'esaltazione della Roma antica. La facciata dell'edificio che sorge a nord della piazza, il più grande, ospita un mosaico di oltre settanta metri quadrati progettato da Ferruccio Ferrazzi e rappresentante le *Origini del mito di Roma*: il fulcro è un giovane dio Tevere, stranamente non effigiato secondo la tradizione come anziano disteso, che sorregge Romolo e Remo, mentre una lupa sta seduta mansueta ai suoi piedi.
Altri tre grandi mosaici, questa volta su storie della cristianizzazione dei croati, sono esibiti sulla facciata del palazzo a sud, oggi ospitante il Collegio degli Illirici e la Chiesa di San Girolamo dei Croati.

› Facciata laterale dell'Ufficio postale di via Taranto, di Giuseppe Samonà, 1933-1935, Roma.

Infine, sull'edificio a est della piazza, composto da due corpi laterali e da una facciata centrale a incasso con portico colonnato, campeggiano decorazioni con fregi: un lavoratore con il piccone fra le mani, un gruppo di mamme intente ad accudire i figli, un caprone – simbolo della lana e della pecunia –, la figurazione dell'architettura, del vino e dell'agricoltura. La fatica, l'accudimento, il lavoro nei campi: è questo il messaggio fascista, con, in aggiunta, una frase: «Il popolo italiano è il popolo immortale che trova sempre una primavera per le sue speranze, per la sua passione, per la sua grandezza». Così affermava Benito Mussolini a Milano il 2 aprile 1923 in merito all'espansione italiana nel mondo. Nel 1936 l'Italia fascista celebra la conquista dell'Etiopia, si illude di avere un impero come l'Inghilterra o la Francia, e lo celebra anche sugli edifici.

Da monte a valle

Quando l'Italia entra nel secondo conflitto mondiale, nel 1940, le ambizioni, anche architettoniche, non calano, anzi. Si continua a portare avanti progetti della fine degli anni Trenta.
A monte (tra Monte Mario e il Tevere) sorge quello che sarebbe dovuto essere il nuovo palazzo del Littorio, sede del Partito Nazionale Fascista, e che invece si chiama Palazzo Farnesina, sede del ministero degli Affari Esteri dal 1959, quando, con pochissime alterazioni rispetto al progetto originario, viene inaugurato. Bianco e monumentale, inteso per far impallidire amici e nemici, l'edificio viene iniziato nel 1937 dagli architetti Enrico Del Debbio, Vittorio Morpurgo e Arnaldo Foschini e deve restituire l'immagine granitica che il partito voleva dare di sé al mondo: ecco quindi una facciata lunga 169 metri e alta 51, un blocco geometrico simmetrico, marmoreo, con tantissime finestre, di diversa grandezza a seconda dei piani in cui sono poste.
Sono colossali i due portabandiera: poderosi tagli di pietra (travertino) realizzati negli anni Sessanta, quando viene definitivamente completato l'edificio, da Pietro Cascella che dialogano con la *Sfera grande* di Arnaldo Pomodoro.

› *La storia di Roma attraverso le opere edilizie*, bassorilievo in travertino di Publio Morbiducci, 1939, Palazzo degli Uffici, Roma.

Un ministero moderno

La sede del ministero degli Affari Esteri ospita una grande raccolta di opere d'arte italiana e oggetti d'arredamento del Novecento: lampade di Del Debbio, Morpurgo e Foschini degli anni Quaranta, mosaici di Sandro Chia, una statua friulana dalle linee feroci (il *Totem*) di Mirko Basaldella del 1968 che guarda il dipinto *Le città d'America*, realizzato nel 1952 da suo fratello, Afro. Fanno bella mostra di sé le sedie-sculture del geniale Harry Bertoia, mentre nella grande Sala delle conferenze internazionali un maestoso lampadario di Carlo Scarpa si accende, illuminando il controsoffitto in ceramica maiolicata fatto da Pietro Cascella nel 1959. In fondo la collezione offre una bella immagine dell'Italia, riassuntiva dagli anni Trenta a oggi.

A valle, invece, l'allargamento della città prosegue con uno dei progetti più ambiziosi del Ventennio: l'E42, un complesso urbanistico-architettonico nel quale avrebbe dovuto svolgersi l'Expo del 1942 (in occasione del ventennale della Marcia su Roma) che in realtà non ebbe luogo a causa della guerra. Al lavoro partecipano molti architetti – tra cui, per esempio, Giuseppe Pagano, Ernesto Lapadula, Adalberto Libera – ancora una volta coordinati da Marcello Piacentini.

Il primo edificio a essere ultimato è il Palazzo degli Uffici, progettato da Gaetano Minnucci e realizzato da Pietro Ferri sotto la supervisione di Piacentini: due costruzioni perpendicolari, una quadrata con un cortile al centro e l'altra rettangolare. A completare l'opera c'è una fontana di diciotto vasche decorate con marmi bianco e nero realizzate da Gino Severini, Giulio Russo e Giovanni Guerrini quali *La gioventù italica*, *Il Tempo*, *Bonifiche*, *Enea approda alle foci del Tevere* e altre. Nell'atrio, è *La storia di Roma attraverso le opere edilizie* a farla da padrona, un bassorilievo grandioso, anche nelle dimensioni, di Publio Morbiducci.

› Colosseo Quadrato, Roma.

In facciata, sopra al porticato, non manca lo zampino del Duce: «La terza Roma si dilaterà sopra altri colli lungo le rive del fiume sacro sino alle spiagge del Tirreno», un'iscrizione tratta da un discorso del 1925 in cui Mussolini profetizza una nuova era per l'Urbe.

Tra i simboli del progetto EUR 42, oggi ritenuto un'icona dell'architettura italiana novecentesca, c'è il Palazzo della Civiltà Italiana, noto più semplicemente come Colosseo Quadrato, un edificio dove la famosissima ellisse del Colosseo primigenio *si quadra*, per rientrare nelle ambizioni monumentali di un fascismo che si vuole trionfante. Progettato dal gruppo Guerrini, Lapadula, Romano, questo parallelepipedo in cemento armato e travertino, alto sessanta metri e con una base di cinquantatré, presenta sei file orizzontali di nove archi ciascuna e due gradinate ai lati: un modello della monumentalità auspicata dal regime. Acquisisce grande rilevanza la presenza di sculture di

stampo neoclassico: sul basamento del Colosseo Quadrato sono collocati i gruppi scultorei equestri raffiguranti i Dioscuri, mentre sotto gli archi del piano terreno si trovano ventotto statue allegoriche alte più di tre metri che rappresentano l'Eroismo, il Genio Militare, il Genio politico, l'Ordine sociale, la Musica, le Arti, le Scienze e i Mestieri. Infine, a coronamento di quest'opera semplice ma elegante, nella parte superiore di tutte e quattro le facciate il motto scolpito a caratteri cubitali, fatto per risvegliare sentimenti

› Portico del Colosseo Quadrato con statue, Roma.

di appartenenza e orgoglio nazionale in tutti gli italiani degli anni Quaranta: «Un popolo di poeti di artisti di eroi/di santi di pensatori di scienziati/di navigatori di trasmigratori».

Un'architettura di pietra, lontana da Roma

Fra i più attenti e sensibili interpreti del Razionalismo italiano spicca Giuseppe Terragni, che lega il suo nome in particolare alla costruzione, tra il 1932 e

il 1936, della Casa del Fascio di Como, oggi Ex Casa del Fascio e sede del Comando Provinciale della Guardia di Finanza, un'architettura significativa che presenta una pianta perfettamente quadrata la cui altezza è l'esatta metà del lato di base. È quindi un mezzo cubo le cui facce sono ritmicamente scandite da varie aperture quadrate, anch'esse in rigoroso rapporto proporzionale fra loro. L'esasperata resa geometrica dell'edificio sembrerebbe riferirsi simbolicamente a quel formale «ritorno all'ordine» di cui il fascismo si fa promotore, anche se in realtà questa sensazione contrasta con l'asimmetria dinamica con la quale le facciate – alte quattro piani – sono composte. Esse sono infatti tutte diverse tra loro, nei rapporti tra pieni e vuoti e nei motivi architettonici. L'idea generale è quella di un edificio compatto ma estremamente leggero, come se fosse una sorta di grande scatola forata. Quella principale è rigorosa, perfettamente scandita da un grande loggiato diviso in cinque campate; quella su via Pessina ha tre campate centrali, serramenti in legno e parapetti in vetrocemento e culmina con una loggia all'ultimo piano; la facciata di via dei Partigiani ha lunghe finestre in legno e ferro e una parete in vetrocemento; infine la parte posteriore ha una grande vetrata che alleggerisce il piano rialzato, una loggia al terzo piano, finestre a L al centro e una parte vetrata in corrispondenza della scala di servizio.
All'interno il gioco di questa architettura di pietra cambia, perché si abbandona il bianco assoluto dell'esterno e si articola un confronto tra bianco e nero: la pietra di Trani, il marmo nero di Belgio e quello col di Lana, lastre finissime e chiarissime dialogano con l'opaline nera.
Una delle caratteristiche più moderne dell'Ex Casa del Fascio è il sapiente utilizzo da parte di Terragni di materiali diversi, come il marmo, il vetrocemento, l'acciaio e il vetro. Di quest'ultimo in particolare, l'architetto si mostra sin da subito grande sostenitore. Sulle pagine della rivista «Quadrante» scrive infatti:

> Sono i primi passi verso la casa di vetro. Noi adoriamo il vetro. [...] Il vetro rivela ciò che è, non può nascondere, è sinonimo della chiarità, è l'unico materiale fratello della luce, dell'aria, dello spazio. È per questo che vogliamo costruire la città di vetro. [...] Dare luce, godere luce. Non respingere questo dono perfetto della natura.

Con il consolidarsi del regime anche l'architettura muta: dalla purezza geometrica dei volumi si passa progressivamente a un sempre maggior monu-

mentalismo. I «banali» intonaci lasciano il posto al marmo e al travertino, le proporzioni diventano gigantesche e si predilige la scenograficità. Ciò lo si può vedere, per esempio, anche nell'imponente Palazzo di Giustizia di Milano, costruito tra il 1932 e il 1940 sotto la direzione, ancora una volta, di Marcello Piacentini. Massiccio e metafisico, questo edificio più che rispetto genera quasi terrore, una sorta di «fabbrica del bene e del male».
In realtà, il rivestimento marmoreo, l'esasperata dilatazione delle finestre, le scritte latine in rilievo (*Iurisprudentia est divinarum atque humanarum rerum notitia iusti atque iniusti scientia* - «La giurisprudenza è la scienza degli affari divini e umani, dei fatti giusti e ingiusti»; *Iustitia / Iuris praecepta sunt haec: honeste vivere alterum non laedere, suum cuique tribuere* - «Giustizia / I precetti del diritto sono questi: vivere onestamente, non ledere l'Altro, attribuire a ciascuno il suo»; *Sumus ad iustitiam nati neque opinione sed natura constitutum est ius* - «Siamo chiamati alla giustizia fin da quando siamo nati e sulla natura si fonda il diritto, non sull'opinione»), i due altissimi setti di muro all'ingresso – che ricordano quasi le colonne di un tempio classico – costituiscono elementi in contraddizione con l'originale linguaggio razionalista, secondo il quale le dimensioni dovevano essere suggerite dalle necessità di utilizzo e non da quelle della propaganda politica.
Dopo la fabbrica della giustizia il «tempio» del denaro, ovvero piazza degli Affari, simbolo dell'economia e della finanza milanesi, un capolavoro urbanistico dove l'edificio pomposo della Borsa – Palazzo Mezzanotte (1929-1932) – si contrappone dirimpetto a un altro molto più razionale del 1939, progettato da Emilio Lancia, e dialoga con gli altri stabili in mattone neoclassico che chiudono la piazza.
La sede della Borsa prende il suo nome dall'architetto Paolo Mezzanotte, che lo progetta nel 1927 insieme al fratello Vittorio, e la sua costruzione termina nel 1932. Esteticamente Mezzanotte si ispira allo stile monumentale: ecco quindi una facciata imponente (trentasei metri) in blocchi di marmo travertino divisa verticalmente da colonne solenni con sculture realizzate da Leone Lodi e Geminiano Cibau raffiguranti allegorie della ricchezza economica.

All'interno del panorama dell'architettura razionalista italiana va ricordata la Stazione di Santa Maria Novella a Firenze, che rappresenta uno dei più alti punti di sviluppo di questo stile. Nel 1932 fu indetto un concorso per la sua nuova costruzione. Tra i nomi spicca quello di Giovanni Michelucci

– una delle presenze più significative all'interno del complesso e variegato panorama architettonico italiano che va dal Razionalismo degli anni Trenta al Neorealismo degli anni Cinquanta e Sessanta. Il giovane professore di Disegno architettonico all'Accademia di Belle Arti di Firenze e cinque suoi promettenti allievi architetti – Nello Baroni, Pier Niccolò Berardi, Italo Gamberini, Sarre Guarnieri e Leonardo Lusanna – costituiscono per l'occasione il «Gruppo Toscano» e in meno di un mese presentano la loro rivoluzionaria proposta, che viene accettata.

Ciò che più premeva era la delicatezza della scelta urbanistica: si doveva infatti intervenire a poche centinaia di metri dall'abside della Basilica di Santa Maria Novella. Una volta approvato il progetto, la realizzazione è estremamente rapida, grazie alle tecnologie adottate dall'équipe e all'organizzazione del cantiere a settori, così da non interrompere il traffico dei treni durante i lavori di costruzione. L'edificio ha uno sviluppo prevalentemente orizzontale, la sua forma semplice e squadrata dipende dalle funzioni che è chiamata a svolgere: poiché si tratta di una stazione di testa, nella quale cioè i convogli arrivano in un senso e ripartono nel senso opposto, l'elemento centrale in-

torno al quale si organizza l'intera struttura è composto dal fascio dei sedici binari paralleli. A sinistra, guardando la facciata, vi sono quelli di partenza; a destra, quelli di arrivo e, al centro, quelli di transito e di servizio. Da questa gerarchia funzionale deriva l'organizzazione degli spazi, basata sullo studio e l'ottimizzazione dei percorsi. L'uscita, infatti, è sul lato destro (cioè vicina ai binari di arrivo), mentre l'entrata e le biglietterie sono leggermente spostate verso sinistra (dove ci sono le partenze e non troppo distante dai binari di transito). Una lunga galleria di testa, coperta con innovative vetrate a sbalzo, infine, percorre la stazione perpendicolarmente ai binari.
Anche nella scelta dei materiali Michelucci e i suoi si dimostrano attenti e adottano soluzioni tecnologiche all'avanguardia, con strutture in acciaio brunito e vetri speciali resistenti agli urti e agli sbalzi termici. Grande importanza viene data anche ai dettagli e agli arredi: Nello Baroni, per esempio, realizza panche di attesa sulle banchine in legno e ottone, fontanelle d'acqua in ghisa, occupandosi anche delle plafoniere per l'illuminazione, degli orologi e, addirittura, del tipo di font delle scritte informative. Il rivestimento esterno, infine, è in pietra forte, che somiglia, pur senza copiarlo, a quello della Basilica di Santa Maria Novella. La stazione sorta negli anni Trenta insegna una interessante lezione: dialogare con il passato e con ciò che ci circonda e che già esiste, con la storia e con i materiali di un determinato luogo.

Che cosa rimane oggi di tutto questo percorso di pietra? Alcuni edifici subiscono la *damnatio memoriae* e vengono epurati dei segni più marcatamente fascisti, per tornare a essere esempi dell'architettura. Perché alla fine questa architettura fu fatta per durare nei secoli, motivo per cui non invecchia. Non era infatti *fascista*, ma un aulico modello internazionale.

› Ingresso della Borsa, Palazzo Mezzanotte, Milano. Ai lati le sculture di *Terra* e *Fuoco* di Leone Lodi.

CAPITOLO 11

Napoli

Lo splendore dei Borbone

GALLERIA UM
XC

L'età dell'oro

La Napoli del Settecento fiorisce nella mente di un re – Carlo Borbone – per diventare una tra le più belle capitali d'Europa. Nel passaggio tra Barocco, Rococò e Neoclassicismo, il sovrano non bada a spese e sogna in grande, inaugurando una vera e propria età dell'oro. Commissiona una reggia dentro a un bosco, a due passi dal centro, per ospitare l'incredibile collezione della mamma Farnese, oltre alla Real Fabbrica della Porcellana. Poi affida a Luigi Vanvitelli un nuovo smisurato palazzo a Caserta, che abbracci ogni sua ambizione. Ma pensa anche ai poveri, per i quali fa costruire un Real Albergo, affidando il progetto a Ferdinando Fuga. Si circonda di menti fini, come il massone Raimondo di Sangro, principe di Sansevero, a cui si deve l'omonima cappella dove riposa lo straordinario *Cristo velato* di Giuseppe Sanmartino. E lascia al figlio illuminato il compito di proseguire.

Sotto la guida di Ferdinando IV, Napoli assiste a una rivoluzione agricola e agli albori di quella industriale, ma anche alla nascita del primo grande museo moderno, alla continuazione degli scavi di Pompei ed Ercolano, alla costruzione, sulle rive del lago di Fusaro, di un piccolo inimitabile gioiello: la Casina vanvitelliana, riserva di caccia e di piaceri. La regina consorte non è da meno. Maria Carolina d'Asburgo-Lorena, arrivata dritta dalla Vienna imperiale con un carico di gusto e di eleganza, si fa persino costruire un bagno in camera, dotato di water e di bidet. E con raffinata intelligenza mette la sua corte al centro del mondo: un mondo sul punto di crollare.

Europeissima Napoli

La Napoli del Settecento è una città dal respiro europeo, tra le più belle del continente. Il merito è di un uomo solo: Carlo Borbone, figlio dell'ultima dei Farnese, Elisabetta, che governa il ducato di Parma e Piacenza, e di Filippo

› Veduta della facciata della Galleria Umberto I, Napoli.

V, Borbone di Spagna. La madre di Carlo ambiva per il suo primogenito a un posto di lavoro adatto all'Europa delle corti, nonostante egli fosse solo terzo nella linea di successione al trono spagnolo in quanto nato da seconde nozze, ed era riuscita a ottenere il riconoscimento dei diritti dinastici del figlio sul proprio ducato e successivamente sul granducato di Toscana. Ma è con la conquista del Regno di Napoli, sottratto agli austriaci, che Carlo ottiene il titolo più importante, quello di sovrano.
Inizia così, nel 1734, la dinastia dei Borbone di Napoli.

Un compositore alla corte dei Borbone

Giovanni Paisiello (1740-1816) porta in scena al Real Teatro di San Carlo, nel giugno del 1767, il dramma per musica *Lucio Papirio dittatore*, di Apostolo Zeno. Il compositore è molto apprezzato dai Borbone, che gli commissionano, nel 1768, l'*Olimpia*, dramma di Andrea Trabucco, ma soprattutto lo incaricano di scrivere la musica per una «festa teatrale» epitalamica su Teti e Peleo (composizione di Giovan Battista Basso Bassi) per celebrare le nozze del figlio di Carlo, Ferdinando IV, con Maria Carolina d'Asburgo-Lorena.

Carlo Borbone-Farnese si mette subito al lavoro e inaugura l'età dell'oro della città. Riprogetta i bacini marittimi del porto per favorire lo sviluppo economico e i traffici commerciali, e dà un nuovo spazio all'opera lirica: commissiona all'architetto Giovanni Antonio Medrano il progetto per il Teatro di San Carlo, inaugurato il 4 novembre 1737, giorno dell'onomastico del sovrano, con l'*Achille in Sciro* di Pietro Metastasio, musica di Domenico Sarro e due balli per intermezzo coreografati da Francesco Aquilante. È il teatro d'opera

› Dettaglio della facciata del Teatro di San Carlo, Napoli.

REAL TEATRO
DI S. CARLO

più antico del mondo, che vedrà il passaggio di alcuni tra i più grandi compositori, come Giovanni Paisiello, Giovanni Battista Pergolesi e Saverio Mercadante, e che verrà preso a modello per molti altri teatri in giro per l'Europa.
L'edificio, che abbaglia gli occhi e rapisce l'anima – come scrive Stendhal in *Roma, Napoli e Firenze* nel 1817 –, ha una grande platea, cinque ordini di palchi ordinati a ferro di cavallo più un palco reale, un loggione e, naturalmente, il palcoscenico.

Degne dimore

Un re che si rispetti ha bisogno di una dimora alla sua altezza. Il 10 settembre 1738 iniziano i lavori per la reggia collocata sulla collina di Capodimonte, luogo boschivo e adatto alla caccia – uno dei passatempi preferiti dal sovrano – abbastanza vicino al centro di Napoli. Il progetto è affidato ancora a Medrano, e viene terminato circa cent'anni dopo.
L'edificio è molto militare e ricorda i modelli architettonici noti a Carlo: la Reggia di Colorno, fuori Parma, dove risiedeva sua madre, e Palazzo Farnese a Roma, anch'esso possedimento della famiglia materna. La Reggia di Capodimonte è voluta dal sovrano soprattutto come galleria d'arte dove custodire ed esporre la Collezione Farnese giunta da Parma – prevalentemente dipinti – per volere di Elisabetta. I Farnese avevano infatti accumulato un patrimonio artistico di grandissimo valore, a Roma, Parma e Piacenza, che oggi costituisce il nucleo principale del Museo Nazionale di Capodimonte, aperto nel 1957.

Nel 1743 la reggia, oltre a custodire le opere d'arte di Carlo, diviene sede della Real Fabbrica, centro di produzione della porcellana, uno dei vanti della tradizione artigianale partenopea. L'ambizione è quella di produrre porcellane superiori a quelle di Meissen, la fabbrica fondata da Augusto il Forte, nonno di Maria Amalia di Sassonia, moglie di Carlo di Borbone. La particolarità di

› Nelle pagine precedenti: *La Darsena, Napoli*, olio su tela di Caspar van Wittel, 1700-1718, Thyssen-Bornemisza Museum, Madrid.
› Interni della Reggia di Capodimonte, Napoli.

queste opere uniche, la cui bellezza è famosa ancora oggi in tutto il mondo, sta nell'impasto tenero e nelle miniature eseguite a mano. Un esempio è la *Caduta dei giganti* (1785-1790) di Filippo Tagliolini, capo modellatore della Real Fabbrica. Il gruppo scultoreo è in Biscuit, porcellana bianca dall'aspetto marmoreo, e ogni figura è stata creata singolarmente per poi essere assemblata. Il prezioso manufatto era stato concepito come corredo di un lussuoso servizio da tavola per la corte che però non è mai stato completato.
Ma la massima espressione dell'abilità degli artisti della ceramica è sicuramente il Salottino di porcellana creato da Giuseppe Gricci tra il 1757 e il 1760 circa per la Reggia di Portici e trasferito a Capodimonte nell'appartamento privato della regina consorte: uno spazio rivestito di porcellana (tranne il pavimento) e di stucchi *rocaille* che imitano la ceramica (sul soffitto). Il *boudoir* di Maria Amalia di Sassonia è ricco di *chinoiserie*, cioè quell'esotismo favoloso che richiama l'Oriente nei motivi, nei personaggi e nelle ambientazioni.
La Reggia di Capodimonte diventa residenza reale solo con l'arrivo dei francesi a Napoli nel 1806, ma con la restaurazione della dinastia borbonica del 1816 anche re Ferdinando e successivamente il figlio Francesco I (divenuto sovrano nel 1830) la utilizzano a questo scopo, oltre che come sede di feste ed eventi di corte.

L'impressionante edificio per i più poveri

Una delle prime grandi opere sociali volute da Carlo di Borbone è il Real Albergo dei Poveri, progettato da Ferdinando Fuga e iniziato a costruire nel 1751. L'imponente edificio, di cui oggi vediamo solo un quinto dell'idea iniziale, doveva raccogliere ottomila poveri provenienti da tutto il regno ed è forse il complesso di assistenza pubblica più grande dell'Europa del Settecento. Il figlio di Carlo, Ferdinando IV, dà una svolta non solo assistenziale ma anche concreta all'albergo, facendo realizzare, oltre alle camerate, anche locali per la produzione manifatturiera. Nel tempo l'edificio viene utilizzato anche come centro di rieducazione per minori, scuola di musica, istituto per sordomuti, archivio di Stato.

Attualmente, solo alcune sale del primo piano conservano gli arredi della reggia, e costituiscono il cosiddetto «Appartamento Reale», mentre le altre ospitano il museo. Uno degli spazi più raffinati è la camera da letto di Francesco I e Maria Isabella di Borbone-Spagna, sua seconda moglie, un'alcova dipinta alla pompeiana tra 1829 e 1830, con temi che riprendono gli affreschi rinvenuti negli scavi archeologici a Pompei ed Ercolano. La camera, che dà sul golfo di Napoli, presenta un pavimento in mosaico, una tappezzeria di seta prodotta dalla Real Fabbrica di San Leucio, alcuni arredi – un tavolo con scacchiera, tre tavolini più piccoli – e dipinti che celebrano la famiglia del sovrano.

Ma Carlo è un uomo ambizioso, e dopo l'inizio del progetto di Capodimonte decide che lui, pronipote di Luigi XIV, il Re Sole, è degno di avere una propria Versailles. Così affida all'architetto Luigi Vanvitelli, a partire dal 1752, la costruzione della Reggia di Caserta. Il figlio italianizzato del famoso vedutista Caspar van Wittel, sotto l'influenza dei modelli pompeiani che si stanno riportando alla luce in quegli anni grazie agli scavi, trasforma radicalmente il gusto e l'architettura, abbandonando definitivamente il Rococò in favore del Neoclassicismo, scoprendo per esempio la colonna antica romana piatta. Quando il sovrano diventa re di Spagna nel 1759, i lavori dell'edificio proseguono sotto il controllo del figlio Ferdinando IV fino al 1764, per poi arrestarsi e riprendere lentamente grazie a Carlo Vanvitelli, figlio di Luigi, ed essere completati solo nel 1845 da altri architetti.

Il principe amico del re

Tra le figure molto vicine a Carlo Borbone spicca Raimondo di Sangro, principe di Sansevero, un nobile poliedrico – inventore, mecenate, letterato, massone, militare, illuminista – posto dal sovrano a capo di uno dei suoi reggimenti e nominato cavaliere dell'Ordine di san Gennaro.
La sua fama è legata soprattutto alla Cappella Sansevero, mausoleo di famiglia che egli fa ampliare e che riempie di opere d'arte. Un capolavoro dell'architettura, nel passaggio fenomenale dal Barocco al più acuto sviluppo del Rococò: più che opera di un artista, in un modo molto curioso e bizzarro, è ritenuta quasi frutto del suo committente, il quale porta qui i parossismi del Settecento, come i marmi

più bianchi, le cesellature più incredibili, la cultura iniziatica, la massoneria e una passione indomita per la conoscenza, la ricerca scientifica e in qualche modo anche i colori, perché quelli del soffitto sono stati inventati proprio da lui.

La cappella contiene il capolavoro assoluto della scultura manierata, il *Cristo velato* di Giuseppe Sanmartino, del 1753. L'opera, realizzata in marmo, raffigura Gesù sdraiato su un materasso e coperto interamente da un velo che aderisce al corpo e lascia intravedere i segni del martirio, enfatizzando dunque la sofferenza del Salvatore.

L'illuminismo di Ferdinando IV

Alla morte di Carlo di Borbone (1788) gli succede il giovanissimo figlio, Ferdinando IV. Le malelingue raccontano che egli sia appassionato solo di caccia, ma in realtà il nuovo sovrano, che regnerà per ben sessantasei anni anche sul Regno di Sicilia (con il nome di Ferdinando III), si impegna a sostenere la cultura e allo stesso tempo accarezza un sogno: l'industrializzazione.
Emblematico è il caso di San Leucio, piccola frazione vicino alla Reggia di Caserta, dove si allevano i bachi da seta e cresce la canapa: proprio qui il re fa costruire il primo impianto industriale moderno, quello delle seterie. L'utopia borbonica è quella di dare origine a una comunità autonoma di lavoratori e lavoratrici provenienti da tutta Italia, e il complesso monumentale di San Leucio è un esempio perfetto di organizzazione sociale attorno al tema del lavoro. L'ipotesi illuminista di Ferdinando IV prevede infatti bonus di produttività, la tutela della proprietà privata, degli orfani e delle vedove, una cassa comune a sostegno dei bisognosi, l'istruzione gratuita dei bambini degli operai alla scuola dell'obbligo.

Uno degli atti amministrativi più clamorosi della carriera politica di Ferdinando, e forse il più intellettuale, è la decisione di affidare a Ferdinando Fuga il completamento e le modifiche di Palazzo degli Studi – che prima ospitava l'università. Nel 1777 apre quindi i battenti il Real Museo di Napoli (oggi

› *Ritratto di Ferdinando IV di Napoli a nove anni*, olio su tela di Anton Raphael Mengs, 1760, Museo del Prado, Madrid.

Museo Archeologico Nazionale), il primo edificio dell'Europa continentale integralmente destinato alla cultura. Ferdinando rinuncia alla proprietà privata dell'eredità Farnese, rende pubbliche le collezioni che suo padre custodiva a Capodimonte e trasporta qui alcuni dipinti, statue, cammei e tesori vari – come la *Tazza Farnese* in agata sardonica, uno degli oggetti antichi (II o I secolo a.C.) più incredibili che siano pervenuti fino a noi, o il mitico, calmo ed eroico *Ercole Farnese*, strepitosa scultura greco-romana del III secolo d.C. rinvenuta nelle Terme di Caracalla a Roma a metà del Cinquecento.
Ma il colpo magistrale va a segno tra il 1786 e il 1788, quando il sovrano riesce a togliere dai vincoli, non senza le opposizioni papali, la parte di collezione ancora situata a Roma, presso il Palazzo Farnese di campo de' Fiori, la

Il casino di caccia sull'isola delle ostriche

I Borbone hanno sempre saputo valorizzare l'intero territorio attorno a Napoli. Tra le dimore da loro costruite c'è un piccolo gioiello che si deve a Ferdinando IV: la Casina vanvitelliana, situata su un'isoletta del magnifico Lago del Fusaro, famoso per la coltivazione delle ostriche. Luigi Vanvitelli, e in seguito suo figlio Carlo, si occupano di consolidare l'isolotto e ammodernare l'antico rudere, che da quel momento diviene la riserva di caccia e pesca della famiglia regnante, oltre che residenza di ospiti illustri. La Casina è composta di tre ottagoni sovrapposti che si restringono verso l'alto in una specie di pagoda e ha grandi finestre. Inizialmente era raggiungibile via barca, ora c'è un ponte di legno che la collega alla sponda del lago. L'edificio viene ritratto ed esaltato nel dipinto *Ferdinando IV a caccia di folaghe sul Lago di Fusaro* (1783) di Jakob Philipp Hackert, conservato nel Museo Nazionale di Capodimonte.

Villa Farnesina e gli Orti Farnesiani. Il museo assume la sua conformazione definitiva quando vi vengono trasportati i rinvenimenti più importanti degli scavi di Ercolano e di Pompei, avviati nel corso della prima metà del Settecento, su volontà di Carlo di Borbone. La scoperta di questi siti archeologici ha infatti, per il gusto del Settecento, un'importanza analoga alla scoperta della Domus Aurea e delle antichità greco-latine per il Rinascimento: cambia il modo di vedere e torna la passione per una classicità nuova, il Neoclassicismo, con alcuni dati totalmente innovativi. Mentre la Domus Aurea fa scoprire le grottesche, Pompei rivela una nuova gamma cromatica di colori – come il cosiddetto rosso pompeiano – e la capacità di allungare la colonna dorica fino a farla diventare una decorazione.

› Interni del Museo Archeologico Nazionale, Napoli.

Le passioni di una curiosa signora austriaca

Maria Carolina d'Asburgo-Lorena nasce a Vienna dal casato appena formato da sua madre Maria Teresa d'Asburgo, ultima erede del trono d'Austria, e da suo padre Francesco Stefano di Lorena. Una delle sorelle di Maria Carolina, Maria Antonietta, sposa il re di Francia Luigi XVI, un fratello diventa l'imperatore Giuseppe II, l'altro, Leopoldo duca di Toscana, è a sua volta imperatore, l'altro ancora, Ferdinando, dà vita al ducato di Modena. La sorella più carina di tutte, Maria Giovanna, è promessa al giovane re di Napoli, ma purtroppo muore di vaiolo. Ed è questa la «fortuna» di Maria Carolina, il «brutto anatroccolo» della nidiata, che prende il suo posto e a sedici anni sposa Ferdinando IV di Borbone. È il 1768.
La giovane, intelligente e tenace, come Maria Antonietta ama anche il lusso e il divertimento. Parla poco l'italiano, preferisce il francese, mentre per la politica si affida all'inglese John Acton, suo favorito, militare che fa presto carriera diventando l'onnipotente segretario di Stato e dotando la città di finanze solide e di una flotta efficace. Apprezza molto la compagnia dell'ambasciatore inglese e archeologo Lord Hamilton, e ancora di più quella della sua chiacchierata moglie, l'avventuriera Lady Emma, e del di lei amante, Lord Nelson.

Napoli, epicentro del gusto, è un centro raffinato di cultura: c'è una regina consorte che è figlia dell'imperatrice asburgica, c'è un re che è figlio di un sovrano di Spagna, c'è un viavai di inglesi, di dignitari e nobili da tutto il mondo. Ma l'eleganza della corte passa anche attraverso un elemento che in passato ha avuto alterne vicende, che oggi è ormai scontato, ma che diventa di moda proprio grazie a Maria Carolina: il bagno.
Nella Reggia di Caserta la regina se ne fa progettare uno completo all'interno del suo *boudoir* da Carlo Vanvitelli, seguendo una pratica di tutte le corti europee che disseminavano di toilette i grandi palazzi, ma spesso non le usavano (Versailles, per esempio, ne aveva cento, che vengono dismessi dopo una decina d'anni). Maria Carolina, che però lo utilizza, è particolarmente innovativa e vuole alcuni elementi in più: il primo è il bidet, dotato di rubinetto e scarico,

› *Ritratto di Maria Carolina d'Asburgo-Lorena*, olio su tela di Anton Raphael Mengs, 1768, Museo del Prado, Madrid.

con le scanalature in stile Luigi XVI e quattro gambette Luigi XV. È forse uno dei massimi segni della civiltà.
Ma il vero apporto d'avanguardia sta nella stanza successiva. Qui, accanto a due bellissimi lavandini dotati di rubinetti per l'acqua calda e l'acqua fredda, all'interno di una nicchia che prevede normalmente una statua di Afrodite o di Diana, si nasconde la più inattesa delle innovazioni: il water. Sotto a un coperchio di ottone tornito si cela il luogo dell'evacuazione comprensivo di sifone e acqua corrente per la ripulitura. Brava Maria Carolina, ma brava soprattutto sua mamma Maria Teresa, che aveva educato molto bene i propri figli: Leopoldo, granduca di Toscana, negli stessi anni a Firenze, a Palazzo Pitti, mette in piedi un gabinetto analogo e lo stesso fa Maria Antonietta a Parigi, prima di essere ghigliottinata.
Tuttavia, la consorte borbonica vince un punto in più rispetto ai suoi fratelli: fa praticare un foro sulla parete del bagno, così da poter vedere chi stava arrivando direttamente dalla vasca, riflesso negli specchi del soffitto dell'anticamera. È curioso come in questo luogo-meraviglia della modernità le decorazioni dei fiori in ferro battuto colorato culminano con teste dagli occhi

bendati: la discrezione è ormai obbligatoria e imprescindibile. Per la prima volta nella storia delle corti si sta definendo il diritto alla riservatezza.
A San Leucio la questione legata all'igiene e alla salute fa un incredibile passo avanti: mentre Ferdinando sfoga le sue energie con la caccia e le giovani amanti, Maria Carolina scopre la cura della forma fisica, il fitness. Si fa così costruire al primo piano del palazzo una piscina lunga dieci metri e profonda un metro e mezzo circa, nella quale ci si può sedere oppure si può anche tentare una nuotata. Le decorazioni affrescali ricordano quelle pompeiane. L'uso di queste grandi vasche per i bagni non è una semplice bizzarria, basti pensare alle straordinarie documentazioni che fa nell'Ottocento Jean-Auguste-Dominique Ingres, il famoso pittore neoclassico e purista, ma è innegabile che il prototipo sia napoletano.

Il convitato di pietra

Nel 1839 avviene l'ultimo primato borbonico: il penultimo re di Napoli, Ferdinando II, inaugura la prima ferrovia d'Italia, la famosa linea Napoli-Portici. Questa iniziativa non è, come pensano alcuni, un inutile vezzo per la modernità, ma corrisponde alla volontà di far nascere un'industria pubblica competitiva e d'avanguardia. Nelle officine di Pietrarsa, uno degli impianti industriali creati dal sovrano, nascono così le prime locomotive d'Italia.
A Ferdinando II succede Francesco II, detto Franceschiello per la sua giovane età, ma il suo regno dura pochi anni, dal 1859 al 1861, perché i Mille di Garibaldi sbarcano a Marsala e Vittorio Emanuele II guida le truppe sabaude alla conquista dei territori borbonici.
Quando i piemontesi arrivano alla fine dell'Ottocento la città partenopea subisce alcune modifiche artistiche, forse dettate da una determinata scelta politica volta a cancellare dalla memoria i Borbone. Per esempio, sulla facciata del Palazzo Reale – costruito nel Seicento come sede dell'amministrazione del viceré spagnolo, poi trasformato soprattutto per via di un incendio del 1830, quando ha assunto la sua forma definitiva – troviamo una strana curiosità:

› Facciata della Basilica di San Francesco di Paola in piazza del Plebiscito, Napoli.
› Nelle pagine successive: facciata di Palazzo Reale, Napoli.

le statue degli otto re lì collocate otto anni dopo l'Unità d'Italia rispecchiano il massimo della retorica postunitaria. Ci sono Ruggero II il Normanno, Federico lo Svevo, Carlo d'Angiò il francese, Alfonso V di Aragona, Carlo V d'Asburgo, Carlo III – l'unico Borbone (indicato però come terzo di Spagna e non come sovrano di Napoli) –, Gioacchino Murat e Vittorio Emanuele II di Savoia, il re dell'Italia unita, che conclude con una spada di bronzo alzata la carrellata su tutte le monarchie straniere che hanno dominato Napoli. Mancano però integralmente gli altri Borbone di Napoli.

E ancora, alle pareti dello scalone del Museo Archeologico viene appesa una serie di grosse lapidi che racconta la «versione ufficiale», nella quale i vecchi sovrani vengono rappresentati come inetti, burocrati, personaggi negativi il cui ricordo deve scomparire. Di conseguenza, si legge di Ferdinando IV come l'uomo che aveva espulso i Gesuiti, che era fuggito da Napoli, che si era portato via il meglio delle collezioni, e poi di come la situazione si era rimessa a posto sotto il dominio francese, con Gioacchino Murat che aveva ridato vita agli scavi archeologici, Giuseppe Napoleone Bonaparte che aveva riordinato il museo e Garibaldi che gli aveva dato la veste ufficiale nazionale. Infine, sotto la benedi-

zione di Vittorio Emanuele, il museo aveva ripreso la sua forma definitiva. Di chi fece le raccolte iniziali, di chi pensò ai primi progetti nessuno parla più.

Ma a dialogare con le lastre filosabaude c'è un convitato di pietra: la statua di Ferdinando IV realizzata da Antonio Canova, soprannominata *Ferdinando come Minerva* in quanto è la dichiarazione di potere di un re che aveva protetto le arti promuovendole in uno dei primi musei d'Europa.
Lo scultore realizza un primo modello in gesso e poi lo sbozza tra il 1800 e il 1803. Nel 1806, con l'arrivo di Napoleone e Gioacchino Murat, Canova abbandona il progetto per dedicarsi alle statue dei francesi, ma quando nel 1816 Ferdinando torna a Napoli l'artista riprende il lavoro e lo consegna tre anni dopo. È la prima statua non perfettamente neoclassica ma sostanzialmente realista, dove il re appare imperiale e austero, come un antico romano. Dopo l'Unità, l'opera viene fatta sparire – nell'ottica dell'eliminazione dei simboli borbonici non poteva rimanere nel museo –, ma non viene distrutta proprio perché firmata Canova. *Ferdinando* è tornato al suo posto solo alla fine degli anni Novanta del Novecento, dove ogni giorno osserva in polemica le lapidi dello scalone.

CAPITOLO 12

Palermo

Meraviglie del passato e del presente

Una città a strati

Palermo – crocevia di culture e religioni nel cuore del Mediterraneo – è una città a strati. Romani, Vandali, Bizantini, Arabi, Normanni si susseguono, inglobando e modificando il loro gusto e la loro cultura fino a fonderli in una creativa e meravigliosa commistione di stili. Lo dichiara apertamente la Cattedrale, che per secoli e secoli continua a trasformarsi per dare voce a ciò che le succede intorno.

Ma è tutta la città a risuonare di una splendida polifonia: basiliche che diventano moschee e ritornano basiliche, sobrie facciate che racchiudono splendidi mosaici, giardini rigogliosi come paradisi terrestri, chiese scoperchiate e porte felici, dipinti naufragati e miracolosamente ritrovati, pavimenti magici e panchine-divano vista mare. E, ancora, grandi teatri e hotel di lusso, ponti gotici e mantelli regali, pavimenti cosmateschi e soffitti intagliati, lapidi sepolcrali scritte in quattro lingue – ebraico, latino, greco e arabo – a testimoniare l'incredibile attualità di un luogo così antico, attraversato da secoli di Storia.

Divisa in due grandi blocchi – il Cassaro, o «la Fortezza», e la Kalsa, «la Splendente», «l'Eletta», che affaccia sul porto –, la città indossa ogni volta abiti nuovi. Dalle sue radici bizantine, arabe, normanne, evolve in una veste gotica, barocca, neoclassica, e poi, ancora, liberty, razionalista, moderna. Un gioiello architettonico, una grande capitale che non sta mai ferma e che, nel segno della tolleranza, continua a tessere un fecondo dialogo tra antico e nuovo, tra dentro e fuori, tra particolare e universale.

Una passione per la commistione di stili

Dopo la caduta dell'impero romano d'Occidente, la Sicilia venne devastata dai Vandali, ma dal 535 iniziò il dominio bizantino, che si mantenne per

› Dettaglio del Duomo di Palermo.

trecento anni, fino a quando, nel IX secolo, fu la volta della conquista araba. Il curioso rapporto fra mondo arabo e mondo occidentale si fa evidente e marcato a Palermo, che ancora oggi conserva meravigliosi esempi di una contaminazione cosmopolita e multietnica. Gioiello architettonico, artistico e culturale, la città è formata da strati antichi – come quello bizantino, quello arabo, quello normanno, che si mescolano e dialogano tra loro in armonia – e strati più recenti, come quelli della Belle Époque – quando Palermo diventa prestigiosa meta di viaggiatori stranieri ed esponenti dell'alta borghesia – e del Novecento. Spesso è fin difficile distinguere i diversi stili; alcune chiese, per esempio, sembrano arabe e invece sono arabo-normanne e barocche allo stesso tempo: il tutto è un groviglio, frutto della sedimentazione culturale e artistica che si è verificata nel corso di secoli.

L'epoca tra il IX e il XII secolo, in particolare, è stata un momento di grande crescita e sviluppo. Durante il periodo arabo, l'architettura della città rifletteva la cultura dei conquistatori: molti degli edifici erano caratterizzati da archi di diverso tipo, mosaici curatissimi, dettagli in stucco, splendidi soffitti lignei intagliati con decorazioni a *muqarnas* (nicchie). Altri ornamenti, nella parte esterna degli edifici, erano ispirati invece alle trame dei tessuti tipici della cultura fatimita (dinastia musulmana del X-XII secolo).

Uno degli esempi più noti dell'originale commistione di stili che caratterizza Palermo, con particolari artistico-architettonici romani, arabi, normanni, gotici, è la Basilica Cattedrale Metropolitana Primaziale della Santa Vergine Maria Assunta, conosciuta più semplicemente come Duomo o Cattedrale. I lavori per l'impianto attuale dell'edificio iniziarono intorno al 1185, sull'area di una basilica del IV secolo, poi distrutta dalle persecuzioni vandaliche e ricostruita tra il 590 e il 604, infine ristrutturata e trasformata in moschea nel IX secolo. L'ultimo lavoro di modifiche della Cattedrale risale alla fine del Settecento, quando Ferdinando Fuga, su commissione del re Borbone Carlo III, si occupò del consolidamento e del restauro degli interni e della costruzione di una cupola neoclassica, la cui altezza doveva superare quella delle altre cupole cittadine. La pianta della chiesa è a tre navate, con numerose cappelle, tra cui la più famosa è quella delle tombe reali, che custodisce le spoglie di principi, duchi, regine e re siciliani, tra cui Enrico VI di Svevia, Costanza d'Altavilla, Ruggero II, Federico II di Svevia e molti altri. La fac-

ciata principale fu costruita intorno al Quattrocento e presenta due torri che la inquadrano e al centro un portale in stile gotico. Due archi a sesto acuto collegano la facciata al campanile del Palazzo Arcivescovile. Gli esterni della chiesa sono decorati con complessi dettagli che richiamano i diversi stili. Un particolare rivela ciò che Palermo era nel XII secolo, e cioè un crocevia di culture e religioni: su una sottile colonna all'ingresso, infatti, si trova un'incisione di un versetto del Corano, che recita: «Egli copre il giorno del velo della notte che avida l'insegue; e il sole e la luna e le stelle creò, soggiogate al Suo comando. Non è a Lui che appartengono la creazione e l'Ordine? Sia benedetto Allah, il Signor del Creato!».

I Normanni, sparuto gruppo di pirati vichinghi diventati padroni della Normandia nel 911, conquistarono la Sicilia fra il 1061 e il 1071, e tolsero Palermo agli Arabi nel 1072. Essi, come dei protoeuropei, costruirono rapidamente un curioso Commonwealth che andava dall'Inghilterra alla Normandia, dal Meridione d'Italia al Nordafrica, fino a Kiev. Unificarono la Sicilia rendendola indipendente. E siccome la storia è bizzarra, è proprio in Sicilia che iniziò

› Dettaglio del Duomo di Palermo.

l'unificazione definitiva dell'Italia: il 27 maggio 1860 Giuseppe Garibaldi si scontrò con le truppe borboniche sul ponte gotico a dodici arcate costruito a Palermo tra il 1125 e il 1131 dall'ammiraglio del re Ruggero II di Sicilia Giorgio d'Antiochia. È così che, sopra quella costruzione ritenuta ingresso in città per chi veniva da sud, ebbe inizio l'insurrezione che portò alla conquista di Palermo da parte dei Mille e, successivamente, all'Unità del 1861.

Con l'arrivo dei Normanni nel XII secolo, l'architettura di Palermo subì un cambiamento significativo: Ruggero I rimase affascinato dalla raffinatezza della cultura araba e volle preservarla, pur inserendo alcuni dettagli del nuovo stile normanno, che si rifaceva a quello romanico. Nacque così, nel segno della tolleranza, lo stile arabo-normanno.

Già nel 1071 Ruggero I fece costruire la Chiesa di San Giovanni dei Lebbrosi da un architetto arabo: l'edificio ha una pianta a croce latina e particolari cupole a semicalotta (elementi ripresi anche nella Chiesa di San Giovanni degli Eremiti, nella Martorana e in San Cataldo). L'esterno non presenta alcun tipo di decorazione, fatta eccezione per alcune monofore pensate per l'illuminazione interna. L'ingresso è preceduto da un porticato su cui poggia un campanile. Gli interni sono ripartiti in tre navate a copertura lignea. Il nome deriva dal fatto che l'edificio venne presto adibito a luogo di accoglienza e assistenza dei lebbrosi e fu usato come tale fino alla fine del Settecento.

Sempre nel 1071 venne eretto un edificio in stile arabo, denominato Castello di Maredolce o Palazzo della Favara, che divenne una delle residenze dei re normanni. Circondato successivamente su tre lati da un lago artificiale e immerso in un parco pensato per il diletto venatorio di Ruggero II, la fortificazione, interamente in tufo, ha una pianta quadrangolare, un cortile interno, e quattro entrate, che portano a una Cappella Palatina coperta da volte a crociera. Questo antico luogo magico di delizie posato in mezzo a uno specchio d'acqua era famoso soprattutto per il suo curatissimo giardino, che si ispirava a quelli africani e spagnoli dell'epoca: frutteti, numerosissime specie arboree, animali esotici, insomma, un vero e proprio paradiso.

Un altro splendido esempio di architettura normanna è la Chiesa di San Giovanni degli Eremiti, edificio nato come monastero nel VI secolo, poi distrutto dagli Arabi nel IX secolo e ricostruito da Ruggero II in stile romanico tra il 1130 e il 1148. La chiesa ha una struttura cubica sormontata da una cupola, e questo modulo si ripete cinque volte. La simbologia araba e bizantina riconosce nell'accostamento quadrato-cerchio la sinergia tra la terra e il cielo, fondamentali l'una per l'altro.

Nel 1139, Ruggero II designò come capitale del regno Palermo, che ormai aveva circa trecentomila abitanti ed era il centro urbano più popoloso del Mezzogiorno e uno dei più grandi d'Europa. Nonostante i Normanni la abbellissero con un nuovo piano di opere edilizie, la città conservò molto l'assetto urbano precedente e si mostrò aperta e tollerante nei confronti della popolazione araba di religione musulmana. I Normanni consentirono infatti agli islamici residenti di continuare a professare il culto nelle varie moschee presenti in città, fatta eccezione per la più grande, che tornò a svolgere la funzione di chiesa cattedrale.

Palermo era divisa in due grandi blocchi: quello più antico, il Cassaro – dall'arabo *al Qasr* –, la «Fortezza», in passato luogo dove risiedeva l'emiro e la sua corte, e dove i Normanni edificarono il proprio palazzo, e quello sul porto, la Kalsa – dall'arabo *al Khalisa* –, la «Splendente», l'«Eletta», di più recente costruzione. Nella cinta muraria si aprivano nove porte, ognuna delle quali aveva un nome specifico, in genere collegato al quartiere a cui dava immediato accesso: c'erano, per esempio, *Bab al Bahr*, «Porta del mare», che conduceva al porto e agli arsenali, e *Bab as Saqaliba*, «Porta degli schiavoni», cioè dei popoli di origine slava deportati nel mondo arabo che lavoravano come mercenari oppure come schiavi.

Un mantello degno di un re

Tra i manufatti artistici più belli di epoca normanna una menzione spetta al sontuoso *Mantello dell'incoronazione di Ruggero II*, un ornamento in seta rossa di importazione bizantina che apparteneva a Ruggero II, successore di Ruggero I ed eletto re di Sicilia nel 1130. Raffinato capolavoro di maestranze arabe attive presso i laboratori tessili palermitani, il mantello è di forma semicircolare e interamente decorato da figure ricamate in oro, perle e smalto cloisonné. Il bordo presenta una scritta in arabo, mentre al centro si trovano una palma stilizzata e due leoni – simboli del potere normanno – che sovrastano due cammelli, simbolo della potenza saracena, sottomessa dai nuovi conquistatori della Sicilia. Oggi è conservato presso la Camera del Tesoro del Palazzo Hofburg a Vienna.

Due chiese fenomenali

Dagli Arabi i Normanni avevano imparato subito lo stile di vita, mentre da Bisanzio avrebbero imparato lo stile religioso, mescolandolo, sempre, con quello arabo. Le basiliche normanne, di conseguenza, riproducono le caratteristiche degli edifici religiosi romanici e bizantini, come la struttura imponente, le mura spesse, l'assenza quasi totale di decorazioni esterne, mentre abbondano di mosaici e ornamenti all'interno. È propria della concezione bizantina degli edifici sacri – e anche della cultura araba – l'idea che la potenza e la maestà del divino debbano concentrarsi nello spazio interno delle costruzioni religiose, e manifestarsi sotto forma di mosaici, ori, smalti.

Uno dei luoghi più intrisi di contaminazione di generi è situato nel centro storico su una piccola sopraelevazione, dovuta alla trasformazione architettonica e urbanistica successiva, e ospita due chiese fenomenali: la Martorana (nota anche come Chiesa di Santa Maria dell'Ammiraglio) e San Cataldo, costruita l'una nel 1143, ancora sotto Ruggero II, e l'altra, vent'anni dopo, per Guglielmo I.

La Martorana ha una storia interessante: la parte più antica è appunto del 1143, quando l'ammiraglio Giorgio d'Antiochia, che trent'anni prima fece costruire il Ponte dell'Ammiraglio, diede l'appalto di costruzione ad alcuni

› Interni mosaicati della Chiesa della Martorana, Palermo.

artisti-operai che seguirono lo stile arabo-normanno. Il committente è un personaggio curioso, un siriano cristiano di cultura araba al servizio di Ruggero II, conoscitore quindi dell'arte di vari Paesi e di diversi elementi stilistici, come l'arco a sesto acuto siriano, l'ogiva araba – che sarebbe stata poi ripresa dal gotico europeo – e la cultura ieratica dei Bizantini.
Fra la chiesa bizantina e il suo campanile è stata inserita una parte barocca successiva, ancora visibile nella facciata accanto alla superficie muraria originaria normanna.
Il campanile ricorda incredibilmente quello di Laon (Francia), suo contemporaneo, poiché ha la medesima ogiva imparata dagli Arabi, ma ha anche supplementi bizantini, come le colonne corinzie, e un dettaglio indefinibile, cioè la forma arrotondata delle pietre che sovrastano le bifore e ricordano dei simpatici batuffoloni.
All'interno rimane perfettamente intatta la pianta originaria dell'edificio, a croce greca, con fantastiche colonne di spoglio provenienti da edifici preesistenti, splendidi mosaici bizantini che raffigurano diversi santi taumaturghi, scene bibliche ed evangeliche – come un'Annunciazione con la Madonna che tesse la tonaca di Cristo, quella della Passione, con un lungo filo rosso –, il Cristo Pantocratore, i quattro evangelisti e perfino l'incoronazione, a opera di Cristo, di re Ruggero II, ritratto con le stesse fattezze del Salvatore, probabilmente a suggerire l'origine divina del suo potere. Il pavimento anticipa lo stile cosmatesco, con decorazioni prevalentemente geometriche.
E, infine, una curiosità inattesa: conservata alla perfezione all'interno dell'edificio c'è una porta fatimide del IX secolo, probabilmente il documento arabo più antico e importante che si può trovare a Palermo.

Leggermente diverso è il caso della Chiesa di San Cataldo, perché il suo interno, in particolar modo nelle volte, si allontana dal *modus operandi* bizantino e trae origine da quello stile romanico, forte e militare, che i Normanni e il papato loro alleato stanno portando sul continente. Il pavimento, invece, presenta una decorazione ancora puramente bizantina, che, come alla Martorana, anticipa in qualche modo quella cosmatesca di cent'anni dopo.
La facciata è compatta e rispecchia la cultura dei militari: nonostante lo spazio della struttura fosse sufficiente per la costruzione di enormi finestre, queste non furono mai realizzate, sostituite solo da piccole ogive assolutamente gotiche.

I due mondi, bizantino e arabo, convivono ancora, come facevano un tempo, anche nella vegetazione che affianca questi edifici: in particolare l'acanto di Bisanzio e la palma degli Arabi.

Mosaici, *muqarnas* e giardini paradisiaci

Maestoso e imponente, testimone della grande ricchezza culturale e artistica della città e della sua storia millenaria, è il Palazzo dei Normanni, costruito nel IX secolo come fortezza araba e successivamente ampliato per servire come residenza reale.
A seguito dell'incoronazione a re di Sicilia, Ruggero II la scelse come dimora e portò avanti una serie di modifiche e ingrandimenti affinché l'edificio fosse

› Facciata della Chiesa di San Cataldo, Palermo.

davvero un palazzo degno di un sovrano: doveva infatti destare stupore e ammirazione.
Oggi il complesso architettonico accoglie molteplici stili, dal Romanico al Bizantino, dal Normanno al Barocco, e di conseguenza diversi elementi decorativi – ogive, archi, merlature, timpani, finte bifore, intrecci – in vari materiali (tufo, pietra viva all'esterno, granito e marmo negli interni). In origine c'erano quattro torri normanne, mentre ora ne rimangono solo due: la Pisana – in passato destinata a custodire i tesori reali e, sembrerebbe, ad accogliere i membri della scuola poetica siciliana – e la Joharia, meravigliosa costruzione il cui interno risplende di decorazioni.

Dalla Torre Pisana si entra nella stanza di Ruggero, un tesoro di ornamenti musivi orientali di grande pregio raffiguranti elementi vegetali lussureggianti, come palme e banani, scene di caccia e animali esotici, quali leopardi e tigri, e mitologici, come centauri e grifoni. Caratteristiche di questo spazio sono la simmetria e la specularità. Il tutto ha l'aspetto di un incredibile eden sincretico, dove i due pavoni bizantini convivono con gli uccelli del Corano.

Uno dei gioielli più famosi del Palazzo dei Normanni è la Cappella Palatina, una basilica consacrata da Ruggero II e in seguito fatta decorare dai suoi successori, Guglielmo I e Guglielmo II. Articolata in tre navate, la cappella, che ospitava il servizio liturgico per la corte, è abbellita da pavimenti cosmateschi, magnifici mosaici sulle pareti, raffiguranti scene dell'Antico e del Nuovo Testamento – dalla Creazione alla vita nell'Eden, dal Diluvio universale alla storia, ai miracoli e alla Passione di Gesù – e schiere di angeli, profeti, evangelisti, Dottori della Chiesa. Il tutto evolve verso la cupola, entro la quale trova posto lo splendido Cristo Pantocratore in atto benedicente.

Un'altra particolarità che rende la Cappella Palatina unica nel suo genere è il suo soffitto intagliato, realizzato da maestranze fatimidi e iraniche, caratterizzato dalla tipica decorazione araba a *muqarnas*. Queste nicchie dei cassoni lignei presentano immagini fitomorfe e zoomorfe, animali mitologici e fantastici, figure umane come danzatori, giocatori di scacchi, musici. Le *muqarnas* costituiscono il più vasto ciclo di pittura araba incredibilmente figurativa e si combinano con gli stilemi dell'impero d'Oriente.

In tutta la cappella ciò che colpisce è la straordinaria maestria dei ritrattisti bizantini, oltre i limiti ai quali siamo abituati, in particolare l'espressività che questo stile assume quando diventa siciliano. Un dettaglio è curioso: la riga rossa che contorna le figure e conferisce loro rilievo, esattamente la stessa che utilizzerà centocinquant'anni dopo Giotto nella Cappella degli Scrovegni.

La parte più antica del palazzo normanno, certa e unica testimonianza araba perché parte di un edificio del IX secolo, è la cripta sottostante la cappella. Qui è già annunciato tutto quel mondo architettonico delle ogive che con gli anni formerà l'estetica gotica.

› Facciata del Palazzo dei Normanni, Palermo.

Dietro al Palazzo dei Normanni si estendeva il parco reale – Genoardo –, il cui nome, dall'arabo *Gennet ol-ardh*, significa «Paradiso sulla Terra». Ricco di giardini, agrumeti, peschiere, fontane e riserve di caccia, questo luogo era destinato al piacere e al riposo dei re e dei membri della corte dalla calura estiva. Al suo interno si collocavano vari palazzi della corte normanna, come il Castello della Zisa e quello della Cuba.
La Zisa (dall'arabo *al-Aziz*, cioè splendida) venne costruita per volere di Guglielmo I e fu terminata da Guglielmo II intorno al 1167. Fu la residenza estiva preferita dai re e dalla loro corte. Gli esterni si presentano come un unico blocco suddiviso in tre ordini orizzontali, cioè i tre piani. Sulla facciata principale si apre un atrio denominato Sala della fontana, sul quale affacciano gli ingressi agli appartamenti reali. Lo spazio è interamente coperto da un rivestimento in marmo sovrastato da una fascia a mosaico a motivi naturalistici. La particolarità sta nel fatto che il pavimento, di colore azzurro-bianco, al centro presenta una canaletta e due vasche, quadrate all'esterno e ottagonali all'interno, in cui un tempo scorreva l'acqua, proveniente dalla fontana che si trova sulla parete di fondo, per poi sgorgare fuori dall'edificio. Il castello conserva un documento di estremo interesse, profondamente rivelatore della realtà siciliana, cosmopolita e aperta: la lapide sepolcrale di Anna, madre del prete Grisanto morta nel 1148, è scritta in quattro lingue – ebraico, latino, greco e arabo; moderna, questa Sicilia del XII secolo.

Il Castello della Cuba fu costruito nel 1180 al centro del Genoardo come luogo di delizie, nel quale i sovrani e la corte potevano godersi il fresco – grazie alla struttura fatta di muri spessi e poche finestre –, assistere a spettacoli, partecipare a feste. In origine l'edificio sorgeva su uno specchio d'acqua, forse una peschiera. È straordinariamente significativa la sua facciata, perché non corrisponde allo stile architettonico interno, ma sembra essere disegnata da un provetto architetto di una cattedrale gotica: altro caso di contaminazione folle degli stili dell'epoca.
Gli interni sono infatti arabi, incredibilmente suggestivi, con straordinarie tracce di *muqarnas* e una strana curiosità archeologica: un contenitore – forse una fontana – a forma ottagonale, dove si raccoglievano le acque piovane come si faceva nell'*impluvium* antico romano.

Va in scena la Belle Époque

L'anima palermitana, nel corso dei secoli, ha indossato alcuni dei suoi abiti più belli, ispirandosi di volta in volta alla moda del tempo – bizantina, araba, normanna, gotica, barocca, neoclassica, liberty, razionalista, moderna –, sensibile

› Castello della Cuba, Palermo.

alle maggiori correnti artistiche nazionali e internazionali incarnate in figure capaci di tradurre il tutto in un lessico locale e contemporaneamente universale. Tra il XIX e il XXI secolo, questo difficile e al contempo entusiasmante compito è stato raccolto da alcuni architetti, che si dedicarono appassionatamente a progetti in grado di plasmare la città, rendendola sempre più innovativa, fresca, e contemporanea.

È il caso, per esempio, di padre e figlio Basile, Giovan Battista Filippo ed Ernesto. I due si occupano di seguire il cantiere del Teatro Massimo (1875-1897). La storia del progetto è intrigante. La Palermo di fine Ottocento ha un sindaco massone e un prefetto massone, che a loro volta scelgono un architetto massone, Basile appunto, al posto di Giuseppe Damiani Almeyda, originario vincitore della gara di appalto. L'edificio sorge su un'area dove precedentemente c'erano una chiesa e un monastero, demoliti proprio per far spazio a questa costruzione. Filippo Basile morì nel 1891, sei anni prima di vedere il suo teatro aprire i battenti. La sua figura e il ruolo fondamentale che ebbe nella costruzione dell'edificio verranno però ricordate per sempre: il teatro gli dedicherà infatti un busto, collocandolo all'ingresso. A sostituirlo, il figlio Ernesto, che si

dedicò alla realizzazione della ringhiera intorno all'edificio, alla decorazione di tutta la piazza antistante – edicole e lampioni compresi – e, naturalmente, all'apparato architettonico della grande sala interna.
Fin dall'atrio si percepisce una sorta di megalomania, legittimata dal fatto che la Sicilia, ormai entrata nell'Italia unita, si sente finalmente indipendente, con il proprio destino in mano. Non per niente troneggia il busto di un Vittorio Emanuele trionfante (al quale è dedicato il teatro) che ancora oggi accoglie gli spettatori.
Gli interni sono un capolavoro della Belle Époque: la sala principale (a ferro di cavallo con cinque ordini di palchi e la galleria) contiene tremila posti, i lampadari in vetro veneziano sono belli come il meglio delle opere realizzate in quegli anni a New York da Tiffany.
Particolarissima è la sala del *fumoir*, uno spazio in origine riservato ai soli uomini e decorato con affreschi che si ispirano a quelli pompeiani. È detta anche Sala dell'eco, per via della sua curiosa acustica: il riverbero va aumentando man mano che ci si avvicina al centro, mentre da fuori è impossibile sentire cosa si dice dentro. Il teatro conserva ancora il primo plastico, quello costruito da Filippo Basile, su cui condusse gli studi di acustica: l'architetto colava dentro a questa struttura alcune gocce di mercurio e poi ne seguiva l'itinerario per capire il percorso che avrebbe fatto l'onda sonora.
L'inaugurazione avvenne il 16 maggio 1897 con il *Falstaff* di Giuseppe Verdi, opera che non era mai stata eseguita a Palermo, sotto la direzione di Leopoldo Mugnone. All'epoca il Massimo era il terzo teatro più grande d'Europa, secondo solo alle Opere di Parigi e Vienna.

Il competitore perdente nel progetto per il Teatro Massimo, Giuseppe Damiani Almeyda, architetto napoletano con il gusto partenopeo di chi aveva vissuto fino in fondo il Neoclassicismo, vinse, nel 1865, il concorso per la costruzione del Teatro Politeama (nome che indica uno spazio dove si rappresentano diversi generi di spettacolo), che iniziò nel 1867. Importante esempio di architettura neoclassica, l'edificio ha una facciata stupefacente, caratterizzata da un ingresso ad arco di trionfo sormontato dalla *Quadriga con Apollo* in bronzo, opera di Mario Rutelli, e una coppia di cavalli e cavalieri, sempre dello stesso materiale,

› Teatro Massimo, Palermo.
› Nelle pagine successive: statua del leone davanti al Teatro Massimo, Palermo.

modellati da Benedetto Civiletti e rappresentanti i Giochi olimpici. Subito sotto a queste sculture c'è un bassorilievo a stucco con putti musici. Dietro l'arco si trova la parte semicircolare dell'edificio, che si sviluppa su due livelli colonnati di ordine ionico e dorico ed è finemente decorata con fregi raffiguranti figure circensi su sfondo rosso.
All'interno la sala è a ferro di cavallo, con una doppia fila di palchi e una galleria suddivisa in due ordini. L'architetto napoletano ripropone qui la ricca decorazione policroma in stile pompeiano presente all'esterno del teatro,

affidandosi a pittori dell'epoca che propongono scene bucolico-pastorali, di convivialità e quotidianità.
Ernesto Basile, figura realmente cosmopolita che andrà a Parigi e Vienna e che sarà conosciuto in tutta Europa, entrò nel secolo nuovo sull'onda dell'avanguardia e di un'imperdibile opportunità offertagli dagli imprenditori di massimo successo nella città: i Florio, prestigiosa famiglia con un impero aziendale che andava dal turismo alle tonnare, dal tabacco al cotone, dal vino Marsala fino alla fondazione e organizzazione del quotidiano «L'Ora».

Per loro trasformò, tra il 1899 e il 1900, Villa Domville, in stile neogotico, in Villa Igiea, concepita inizialmente dal committente, Ignazio Florio jr, come sanatorio per malati di tubercolosi, e poi trasformata in hotel di lusso. Il nuovo nome, infatti, deriva dalla ninfa greca Hygìeia, protettrice della salute. L'architetto assimilò il meglio del gusto Art Nouveau soprattutto negli interni, disegnando in stile floreale persino i mobili, poi realizzati dalla Ducrot, forse la prima grande ditta di arredamento della storia italiana. Ogni dettaglio è curato: le cornici degli specchi, le maniglie, le sedie. Egli affidò le pitture parietali a vari artisti, come Ettore De Maria Bergler, Michele Di Giovanni e Luigi Cortegiani, che scelsero di ritrarre scene naturalistiche con pavoni, festoni, vari tipi di fiori dei quali sembra quasi espandersi il dolce profumo, ed eteree fanciulle vestite di pepli leggeri. Gli esterni, invece, sono severi: il palazzetto ricorda un castello, comprensivo di torrette e merlatura.

La carica della modernità

La città vive una fase nuova inattesa e germinale con l'arrivo dell'architetto veneziano Carlo Scarpa. Gli interventi riassuntivi del suo lavoro ovviamente li fa a Venezia, ma Scarpa aveva già sperimentato il suo linguaggio negli anni Cinquanta del Novecento a Palermo, in particolare con il famoso restauro di Palazzo Abatellis (del 1953-1954), bombardato e poi diventato sede museale. Lo stile dell'architetto sembra semplicissimo e invece è estremamente ricercato, e si incardina sul valore del dialogo tra presente e passato.
Gli spazi espositivi sono suddivisi su due piani e si articolano intorno a un cortile quadrangolare con portico su un lato e una loggia al primo livello dipinti con diverse gradazioni dello stesso colore, in modo da esaltare l'interazione tra la pietra e la luce. Questo spazio esterno viene riordinato come un *hortus conclusus* dove si cammina e si riflette. Nel palazzo palermitano la finestra gotica torna in vita su un muro di cemento.
Le stanze di una volta si riempiono dei volumi di oggi, cubisti, dove nulla si tocca, tutto galleggia. Il moderno conversa con l'antico. La scala interna – che collega il piano terreno dedicato alle sculture con il primo livello, dove si trova la pinacoteca – è formata da gradini monolitici a sezione esagonale realizzati in pietra di Carini che appoggiano su una doppia trave metallica: i diversi

materiali si guardano e si completano vicendevolmente. Il percorso museale studiato dal veneziano si fonda sulla percezione delle opere all'interno dello spazio che le accoglie. All'osservatore sono offerti quindi molteplici punti di vista di ogni singolo capolavoro, ma il punto di vista principale, quello più importante, è tendenzialmente esaltato da fondali colorati appesi alle pareti.

Scarpa compie poi il suo secondo intervento palermitano: Palazzo Chiaramonte-Steri. L'edificio da *Mille e una notte* viene restaurato dall'architetto veneziano e da Roberto Calandra. In che cosa consiste qui la lezione scarpiana? Nella capacità di mettere d'accordo la colonna e il gusto antichi e il muro di cemento assolutamente grezzo e attuale, combinato con un pavimento che ha una sua ritmica propria. Il tutto si conclude in un cortile che, come gli altri suoi cortili, gioca con materiali antichi combinati con quelli moderni, in un rispetto totale del gusto e del sapore dell'epoca. Qui i dettagli dell'eleganza scarpiana ci sono tutti, e c'è la stessa capacità di interpretare il passato con

› Una finestra di Palazzo Chiaramonte, Palermo.

elementi dell'architettura di oggi. Egli riporta lo stesso equilibrio che aveva realizzato a Palazzo Abatellis per dare spazio a un'opera d'arte contemporanea, la famosa *Vucciria* (1974) di Renato Guttuso.
Attenzione: neppure qui rinuncia a quei pavimenti magici che sa fare solo lui, dove la fuga fra gli elementi di cemento deve essere sempre rispettata e le parti non si devono toccare. Ovunque è un costante dialogo fra equilibrio e squilibrio, fra massimo e minimo. I muri non si incontrano mai e rimane sempre uno spazio, una distanza, fra l'uno e l'altro. I lavori di falegnameria sono l'ultima conseguenza di questo gioco estetico, dove tutto diventa detta-

glio e si fonda sull'intaglio e sui rapporti minimi di proporzione. Così nasce l'armonia.

Il caso Scarpa è assolutamente sintomatico, perché l'architetto porta un proprio linguaggio in una città che è già stata fecondata dal linguaggio di Basile e di Almeyda. Nasce così un morfema nuovo che con gli anni diventa assolutamente locale e che contamina la città: nella vecchia sede dell'Università, per esempio, tornano le porte decorate con piccoli motivi rettangolari; nel Chiostro di Sant'Anna, le pareti di cemento includono le vecchie finestre medievali; davanti alla Zisa, i nuovi giardini hanno specchi d'acqua che riprendono il dialogo acqua-terra che Scarpa fa a Venezia e un po' quelli arabi.

Gli interventi architettonici possono realmente cambiare l'immaginario attorno a una città, e ciò accade anche a Palermo all'inizio degli anni Duemila, con un altro architetto chiamato «da fuori»: il milanese Italo Rota, che porta in Sicilia una parte degli esperimenti e delle esperienze fatti in Francia. Con una capacità ludica di ridisegnare gli ambienti cittadini, egli si occupa di riorganizzare il Foro Italico, una grande area verde sul lungomare di Palermo.
Tra le caratteristiche architettoniche di questo spazio urbano, progetta dissuasori dalla forma di birilli per bambini dipinti con striature colorate fosforescenti, elementi ideati prendendo a modello il profilo del busto di Eleonora d'Aragona realizzato da Francesco Laurana nel Quattrocento: un innovativo e simpatico arredo urbano che separa il prato dalla pista ciclabile. E, ancora, realizza delle panchine-divano, disposte intorno a immaginarie stanze con vista sul mare, e alcuni totem posti lungo il percorso centrale, costituiti da elementi colorati o dorati, con maschere e decorazioni che richiamano la cultura marinara.

› Dettaglio della fontana fuori dal Castello della Zisa, Palermo.

Crediti fotografici

Per le fotografie Shutterstock: p. 4, 8, 12, 13, 27, 30-31, 32, 37, 38, 47, 48-49, 50, 51, 54-55, 58, 61, 62, 65, 75, 108-109, 110, 112, 113, 114, 117, 118, 127, 128, 131, 133, 135, 136-137, 138, 140, 142, 145, 149, 151, 158-159, 160, 162-163, 166, 167, 170, 171, 173, 174, 177, 184-185, 186, 189, 191, 192, 200, 206, 212, 215, 217, 224, 236, 241, 244-245, 249, 253, 254-255, 257, 263, 264-265, 268, 270-271, 272, 275, 279, 284, 288, 290-291, 294, 297, 303, 304, 307, 308, 310-311, 313, 314;
Per le fotografie Mondadori Portfolio: pp. 18-19, 89 © Mauro Magliani e Barbara Piovan, 66-67, 94-95 © Erich Lessing, 76-77, 91, 97, 100, 102-103, 105, 107, 146-147 © Marco Simoni, 180-181, 287 © Fine Art Images, 196-197, 199 © Fabio e Andrea Lensini, 202, 209 © Hervé Champollion, 210-211, 219, 221, 235, 239, 261 © Harald A. Jahn, 276-277, 238 © Joseph Martin, 292-293, 300-301;
Per le fotografie Mondadori Portfolio Electa: pp. 6-7, 17, 231 © Mauro Magliani, 22-23 © Bruno Balestrini, 28, 72, 123 © Sergio Anelli, 227 © Andrea Jemolo, 228 © Francesco Tanasi, 232-233;
Per le fotografie Mondadori Portfolio / Veneranda Biblioteca Ambrosiana: pp. 42-43;
Per le fotografie Wikimedia Creative Commons (CC0 – pubblico dominio): p. 24, 35, 87, 125, 154, 195;
Per le fotografie Wikimedia Creative Commons (CC BY-SA 4.0): p. 153, 250-251, 307;
Per le fotografie Wikimedia Creative Commons (CC BY 4.0): p. 258;
Per le fotografie Wikimedia Creative Commons (CC BY 2.0): p. 169, 246;
National Gallery of Art, Washington D.C. – pubblico dominio: p. 80-81, 82, 154, 178.

Alle pagine 6-7: *Cena in Emmaus*, olio su tela di Caravaggio, 1606, Pinacoteca di Brera, Milano;
Alle pagine 30-31: Isola Bella sul Lago Maggiore;
Alle pagine 54-55: dettaglio del cortile colonnato e decorato di Palazzo Te, Mantova;
Alle pagine 80-81: *L'ingresso al Gran Canale dall'estremità occidentale del Molo*, olio su tela di Canaletto, 1742-1744, National Gallery of Art, Washington D.C.;
Alle pagine 108-109: Castello di Miramare, Trieste;
Alle pagine 136-137: Palazzo Stefano Balbi (o Palazzo Reale), Genova;
Alle pagine 158-159: veduta di Bologna;
Alle pagine 184-185: Libreria Piccolomini, Siena;
Alle pagine 210-211: *Paolina Borghese Bonaparte come Venere vincitrice*, Antonio Canova, 1804-1808, Galleria Borghese, Roma;
Alle pagine 244-245: Colosseo Quadrato, Roma;
Alle pagine 270-271: veduta della Reggia di Caserta;
Alle pagine 292-293: interni della Cappella Palatina, Palazzo dei Normanni, Palermo

Indice

Finito di stampare nel mese di luglio 2024
per conto di RCS MediaGroup S.p.A.
da ERRESTAMPA,
Via Portico 27, 24050 Orio al Serio (BG)
Printed in Italy